뛰어난 여성을 위한 심리학

뛰어난 여성을 위한 심리학

**초판 1쇄 인쇄**  2023년  03월 02일
**초판 1쇄 발행**  2023년  03월 09일

**지음** 모니크 드 케르마데크  **옮김** 이정은

**펴낸이** 이상순  **주간** 서인찬  **영업지원** 권은희  **제작이사** 이상광

**펴낸곳** 생각의길
**주소** (10881) 경기도 파주시 회동길 103
**대표전화** (031) 8074-0082  **팩스** (031) 955-1083
**이메일** books777@naver.com  **홈페이지** www.book114.kr

**생각의길은 (주)도서출판 아름다운사람들의 인문 교양 브랜드입니다.**

978-89-6513-778-8    03180

LA FEMME SURDOUÉE
By Monique de Kermadec
ⓒ Editions Albin Michel - Paris 2019
All rights reserved.
Korean translation copyright ⓒ 출간연도 by BEAUTIFUL PEOPLE.

이 책의 한국어판 저작권은 PubHub 에이전시를 통한 저작권자와의 독점 계약으로 도서출판 아름다운 사람들에 있습니다. 저작권법에 의해 한국 내에서 보호를 받는 저작물이므로 무단 전재와 무단 복제를 금합니다.

이 도서의 국립중앙도서관 출판예정도서목록(CIP)은
서지정보유통지원시스템(http://seoji.nl.go.kr)과 국가자료종합목록구축시스템(http://kolis-net.nl.go.kr)에서 이용하실 수 있습니다. (CIP제어번호 : CIP2020015868)

파본은 구입하신 서점에서 교환해 드립니다.

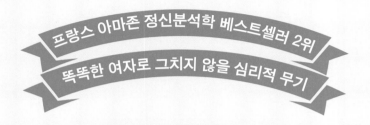

프랑스 아마존 정신분석학 베스트셀러 2위

똑똑한 여자로 그치지 않을 심리적 무기

# 뛰어난
# 여성을 위한
# 심리학

모니크 드 케르마데크 지음

이정은 옮김

**차 례**

009 　　　 이 책의 목적

013 　　　 들어가는 말 　 자신의 뛰어남을 체험하는 방식이 여성과 남성은 크게 다르다.

## 1장 | 영재성은 세상을 파악하고 느끼는 어떤 독특한 방식이다
025

### 잠재력이 높은 여성의 특수한 차이점

028 　　　 [초민감성] 스펀지처럼 모든 것을 빨아들인다

032 　　　 [다르다는 느낌] 그들의 공통분모는 바로 '다름'이다

037 　　　 [강렬함] 두뇌 과다 활동성에 과다 감동성이 결합된 것

040 　　　 [흥분성] 야심 찬 계획을 실현하기 위해 위험을 감수하게 이끄는 것

043 　　　 [완벽주의] 더 나은 것을 추구하고 자신을 뛰어넘고자 하는 열망

045 　　　 [관용성] 높은 지능은 대체로 관용성과 짝을 이룬다

048 　　　 영재성을 사회적 성공 무기로 사용하지 못한다

## 2장 | 자신감 부족은 모든 나이의 영재 여성에게서 보인다

053 잠재력이 높은 여성이 느끼는 특수한 고통

056 [고통을 드러낼 권리] 침묵할 뿐 보통 사람보다 훨씬 고통을 강하게 느낀다

061 [사기꾼 증후군] 자신의 능력과 성취를 의심하거나 과소평가하는 경향

075 [거식증] 나무랄 데 없는 모습 때문에 남들에게 받아들여진다고 생각할 때

## 3장 | 진짜 자기를 포기하지 않을 때 잠재력은 실현된다

089 정체성 혼란

092 [거짓 자기] 다름에 대한 불안, 기대에 부응하지 못할 거라는 두려움

097 [외부의 기대] 남들의 마음에 들고 남들을 기쁘게 해 주려는 경향

099 [거짓 자기의 함정] 결국, 자기 자신을 공격하는 무기가 된다

104 [위기 감수 능력] 자신과 접속하고 잠재력을 실현하는 데 결정적인 것

108 [지배적 자기방어 기제] 승화, 유머, 자기긍정

113 자신의 진정한 존재를 포기하지 않으면서 발전해가는 것

## 4장 | 배제가 아니라 포함시키기 위해 힘을 사용하라

115 영재 여성이 타인과 맺는 관계

119 [가족 관계] 가족의 기둥, 지팡이 역할을 맡을 수 있다

130 [친구 관계] 우정을 관계 순위의 맨 아래로 밀어 놓았다

136 [애정 관계] 특별히 더 '부유'하고 유력한 남자를 찾지 않는다

147 [부부 생활] 행복은 지능 지수가 같은 데에 기초하는 것이 아니다

162 [공적 영역] 집단의 만족감이 달성해야 할 목표보다 더 중요하다

180 배제가 아니라 포함시키기 위해 힘을 사용하라

## 5장 | 내 자리 차지하기

183 넘어야 할 심리적 벽

185 여성 영재 '흰개미들'의 삶을 추적한 연구

192 뛰어난 여성들이 원하는 것

198 삶을 살아가는 데 결정적인 선택 개념

200 자녀를 갖느냐 마느냐, 가족생활에 전념할 것인가 말 것인가?

207 자신의 야망을 줄이느냐 마느냐

210 성공한 영재 여성에게 가장 중요한 것

213 내면의 위기, 40대 영재 여성을 버티게 해 주는 것

217 결혼하지 않고 자녀도 갖지 않은 여자가 가장 행복했다

221 늙음 너머에 도달할 때, 당신에게 유일한 현실

224 높은 잠재력 실현을 방해하는 내적 장애물

## 6장 | 삶의 균형은 불가능한 신화다
### 229 내 존재를 만드는 것

232 성공 개념, 다시 정의 내리기

236 올바른 질문 던지기

240 깊숙이 파고들 열정 어린 것을 찾아내는 일

245 홀로 있는 시간, 물러서 있는 시간을 마련하기

249 여러 욕망을 한 데 뒤얽지 않기

251 고통과 나쁜 경험을 구분해야 한다

256 야심을 가져라!

258 조언

260 마치며

당신을 강하고 독특하게 만드는 것들을 길러라

264 참고자료

모든 나이대의 각종 분야의 여성, 학력이 높지 않은 여성, 명문 학교 출신의 여성, 또는 다양한 경력을 거친 여성, 법률가, 예술가, 의사, 교사, 연구원, 기술자, 뷰티업계나 은행, 돌봄 노동, 상담 및 지원 분야에서 활동하는 여성, 학업을 제대로 마치지 못했지만 새로운 경력을 꾸려낸 여성, 자신만의 어려움과 슬픔, 만족감과 행복을 느끼는 싱글·기혼 여성, 다자녀 가정을 꿈꾸거나 싱글로서 어머니가 되고자 하는 아직 자녀 없는 여성, 불안해하거나 명랑한 어머니, 사회에서 배척당한 여성 그리고 영재 여성들, 자신이 지닌 뛰어남에서 제각기 유일하고 독특한 존재인 그대들은 모두 인정받고자 하고, 사랑하는 사람을 만나 애정을 나누고, 직업적으로 발전하고, 차별 없는 임금을 받고자 하며, 대체로 조용히, 때로는 치열하게 투쟁하고 있다. 이 책은 바로 그대를 위해 쓰인 책이며, 나는 그대에게 이 책을 헌정한다.

그대는 모두 의미를 추구하며, 자기 자신을 찾으려는 열정을 지녔으며, 그러한 추구는 언제나 타인과의 관계 맺음을 통하여 이루어진다. 고통받고, 기쁨을 누리고, 창작열이 넘치며, 사회에 기여하려는 열망에 찬 그대들은 하나같이 세상이 더없이 필요로 하는 개인적이고 여성적인 풍요로움을 지니고 있다.

나는 그대를 위하여 이 책을 썼고, 그대들 덕분에 이 책을 구상할 수 있었다. 이 책은 페미니즘적인 논설이 아니다. 이 책은 어떤 증언인 동시에 그대가 지닌 질문과 의구심, 탐색 노력, 발견, 그리고 내가 한 발견들과 참으로 인간적인 학문인 심리학이 한 발견을 한데 모은 결과물이다. 이 책에 담긴 소망은 오직 하나다. '뛰어난' 여성들이 사회적 또는 남성적 가치라는 프리즘을 통해서가 아니라, 뛰어난 여성을 직접 다룬, 그들만의 기준과 자료를 바탕으로 자기 자신을 인정하고 알도록 하는 것, 단지 이것이 이 책이 지닌 소박한 목적이다.

뛰어난 여성이라는 것은 어떤 풍성함이다. 시선의 문제, 즉 세상을 파악하고 느끼는 어떤 독특한 방식이다. 그런데 그 풍성함이 결실을 보려면 자신의 뛰어남을 인정해야 한다. 여성의 영재성이 더는 가려지거나 은폐되어서는 안 되며, 용서를 구하거나 간신히 용납되는 대상이어서도 안 된다. 이제 여성의 영재성은 이해받고 그

소리에 귀 기울여야 하며, 미래의 재능과 인재를 발굴하여 양성하는 체계에 받아들여지고 통합되어야 한다. 이를 실현하는 첫걸음은 그대가 제자리를 찾는 법을 알고 그 자리를 당당히 요구하는 것이다.

자신의 뛰어남을 체험하는 방식이
여성과 남성은 크게 다르다

"나는 사람들과 함께 있을 때면 편하게 느끼지 못해요. 항상 내가 남들을 속이고 있다는 강한 느낌을 받지요." "나는 나 자신과 너무 큰 거리감을 느껴서 다른 사람들하고도 가까워질 수 없어요." "나는 삶의 의미에 대해 지나치게 깊이 생각하는데, 너무 힘겨워요. 그러고 나면 잠을 이룰 수 없지요." "내가 지금 대체 무얼 하고 있는 거죠? 그 의미가 뭐지요?" "나는 언제나 매사를 끝까지 철저하게 체험하고자 했죠." "나는 항상 나 자신을 세상이 저지른 실수라고 생각해요." "아버지는 모든 사람이 똑같고, 자기가 다르다고 느끼는 것은 오만함이라고 말해요." 이는 내가 잠재력이 높다고 정식으로 진단을 받은 여성을 진단 직후에 상담하며 들은 몇몇 고백이다. 나는 상담을 할 때마다 그들의 말을 기록했고, 여성만이 발산하는 고유한 음조가 은근히 반복되는 것을 목격하며 상당히 놀랐다. 깊숙하고 파괴적인 어떤 특수한 고통이 만들어 내는 그 작은 음조말이다.

'영재'인 한 인간이 사회에서 쉽게 제자리를 찾기란 힘들며, 반대에 부딪히지 않고 고통 없이, 고독을 경험하지 않고 그 일을 해내는 경우는 매우 드물다. 그런데 그 영재가 여성일 때 그러한 어려움은 뚜렷이 커진다. 바로 이 때문에 나는 영재 여성을 특별히 다룬 이 책을 썼다. 상담하며 환자에게서 들은 말, 환자들이 치른 검사 결과를 분석한 내용을 토대로 영재로서 살아가는 방식, 즉 영재라는 상태를 체험하는 방식에 있어서 남성과 여성 사이에 큰 차이가 있음을 알게 되었다. 그러한 차이는 재능이 뛰어난 사람에게 두드러지게 나타나기 마련인 개인적인 독특함을 넘어서서 존재한다. 그런데 일반적으로 영재성에 관한 연구는 여성적인 것을 지배하는 남성적인 법칙의 영향을 받으며, 여성의 특수성은 무시되는 경향이 있다. 하지만 영재 여성의 영재성을 더욱 잘 진단하고 영재 여성이 겪는 고통을 제대로 밝히려면 그러한 차이점들을 감안하는 것이 좋다(따라서 이 책은 모든 부모를 대상으로 쓰였다). 그리고 나서야 영재 여성이 세상에 적응하는 일을 쉽게 만들기 위한 적절한 도구와 좋은 치료법을 찾아낼 수 있을 것이다.

나는 심리치료사로 상담을 하면서 각 지능 범주(개념적, 관계적, 창조적 지능)에서 여성이 지닌 지능의 특수성을 식별하고 분석하는 방법을 습득했다. 그리고 어쩌면 기존의 젠더 이론들과는 결이 반대되지만 신경 과학에 부합하는 방식으로, 현재 유행하는 모호한 지식이 아닌, 개인과 두뇌의 여성적 특징을 결정하는 확실한 과학적 사실들(호르몬이 행동에 미치는 영향, 여성의 인체가 여성만의 고유한 생애 주기와 맺는 관계 등)을 상담에 적용했다.

나는 잠재력이 높은 여성을 자주 접하고 그들의 생각과 기대를 들으면서 자연스럽게 그들만을 특별히 다룬 연구가 필요하다는 생각을 하게 되었다. 그 여성들의 발달 과정과 그들이 받는 교육은 남성의 발달 과정과 교육과는 다른 리듬을 따르기 때문이고, 여전히 이원적인 모델을 바탕으로 구축되고 성공에 대한 원형적인 도식을 지닌 세계가 강요하는 제약과 사고방식으로 인하여 그 여성들이 특수한 고통을 느끼기 때문이다. 가족과 사회에서 영재성을 낙인 찍는 상황에 직면한 여성들이 겪는 고통은 무엇인가? 여성에 대한 그러한 낙인은 어떤 모습으로 나타나는가? 그것에 어떻게 대처할까? 그들이 이런 근본적인 질문을 던질 때 나는 상담으로써 그들을 도와주어야 했다.

의미심장한 사례 하나: 클로드 텔로Claude Thélot는 천재성의 기원을 다룬 에세이[1]에서 350명의 인물을 거론하는데 그 가운데 여성은 단 여덟 명이다. 그의 연구가 학문적으로 의도된 것은 아니지만, 그래도 여성이 차지하는 그런 낮은 비율은 영재 여성을 인정하는데에 문제가 있음을 나타낸다. 마리 퀴리Marie Curie는 항상 그 남편의 영향력 안에서 소개되고, 카미유 클로델Camille Claudel 은 오귀스트 로댕Auguste Rodin의 그늘에 가려져 있다. 또 다른 사례: 피에르 부르디외Pierre Bourdieu는 자신의 명저 『남성 지 배』[2]에서 여성 인류학자 프랑수아즈 에리티에Françoise Héritier 의 저서 『남성/여성』[3]을 인용하지 않는다. 그녀가 콜레주 드 프랑 스Collège de France에서 함께 가르치는 동료 교수인데도 말이다! 지금도 동일한 직위에 대하여 여성이 받는 급여는 남성이 받는 급 여에 비해 7퍼센트 낮으며, 이러한 현상은 영재 여성을 많이 찾아 볼 수 있는 일반 간부 및 고위 간부직에서 두드러지게 나타난다. 나 는 환자들을 상담하는 과정에서 서서히, 여성이 평등이라는 고지 를 넘어서지 못하게 가로막는 전적으로 여성적인 거부 반응이 존 재함을 확인했다. 한편 (프랑스의 고위 간부직 여성들이 대부분 잘 알고 있 는) 크리스틴 라가르드Christine Lagarde(프랑스의 외교관, 경제학자, 변 호사. 2011년 6월~2019년 9월에 국제통화기금IMF의 총재였고 2019년 11월 에 유럽중앙은행의 총재로 취임―옮긴이)가 최근에 펴낸 경제학 연구서 들에 따르면 지능의 여성적인 특수성이 존재하며, 이러한 특수성 이 활용되면 회사의 수익과 이윤이 증대하는 데 영향을 미쳤다.

영재 남성과 영재 여성이 친구 및 애정 관계에서 보이는 관계 지 능의 차이는 더욱 크다. 명민하고 예리하며 22세에 이미 여러 학 위를 소지한 어느 젊은 여성이 울먹이던 모습이 생각난다. "나는 혼자예요. 남자들하고는 운이 없어요. 상대방의 마음에 들게 아무리 노력을 해도 두 달 넘게 관계가 지속된 적이 없죠. 남자들이 나를 두려워한다는 느낌이 들어요." 결혼하기 전에 남편이 될 사람과의 관계, 또는 자녀와의 관계에서 겪은 문제를 토로하는 영재 여성들의 사례를 들자면 백과사전을 여러 권 채우고도 남을 테다. 또 어떤 여성이 평범한 상황에 대하여 일반적인 기준에 따라서 반응하지 않을 때 생기는 해석의 오류는 더 폭넓고 심각하다. 그래서 잠재력이 높은 여자가 성공을 정의 내릴 때면, 그들은 보통 사람이나 남자 영재보다 더 많은 요인을 포함시킨다. 거기에는 지위와 돈, 권력이 포함되지만, 이는 성공의 주요한 요인으로 간주되지 않는다. 영재 여성 대부분은 성공을 자신이 하는 일의 본질과 밀접하게 연관시키고, 일에서 의미와 즐거움을 찾고자 하는 기본적인 욕구를 자신의 직업에 결합시킨다.

그렇다면 여성적인 지능, 남성적인 지능이 존재할까? 이에 대한 현재의 지식을 살펴보자.

잠재력이 높은 여성은 똑똑한, 지능이 높은 여성이다. '지능'은 무엇보다 우리의 신체와 사고를 조종하는 기관인 뇌와 연관되므로, 뇌에 성적인 특질을 부여하는 연구들의 현황을 살펴보는 것이 적절할 테다. 지능에 성별이 있는가? 여성의 두뇌는 남성의 두뇌와 다른가? 학술 연구는 이에 대하여 현재 무어라고 말하는가? 이는 복합적인 질문으로서 논란의 대상이며, 관련된 출간서는 많고 다소 편향적이다. 그러므로 나는 이 주제에 대하여 장황하게 설명하지 않음으로써, 5년 후면 무효가 될지 모를 단언들에 불필요하게 신빙성을 부여하는 일은 피하겠다. 단, 이와 관련하여 한 가지 사실만 언급하면, 영국의 신경 과학자인 지나 리펀Gina Rippon[4]의 책이 출간됨으로써 그때껏 이 주제에 관하여 신빙성이 있다고 판단된 결론 대부분이 무효화되었다.

여성과 남성의 두뇌가 해부학 및 두뇌 활동 측면에서 보이는 여러 차이는 수 세기에 걸쳐 많은 글에서 다루어졌고, 지난 30여 년간 의료 영상 신기술이 발달해 연구 대상자의 두뇌 활동을 추적하는 일이 가능해지면서 특히 많이 연구되었다. 해부학적인 측면에서 보면 유년기부터 노년기에 남녀의 두뇌에 차이가 난다고 한다. 즉 남성의 두뇌가 여성의 두뇌보다 용적이 9퍼센트 더 크다는 것이다. 하지만 이 사실은 여성의 두뇌 밀도가 더 높다는 사실로써 그 이유가 설명되었고, 이는 여성이 남성보다 열등한 존재라는 고전적인 결론과 어긋난다[5]. 루안 브리젠딘Louann Brizendine[6]에 따르면, 절제와 결정 같은 인지 기능을 책임지는 전측 대상회 피질(공감 능력을 관장)과 전전두엽 피질(감정을 관장)은 남성의 두뇌보다 여성의 두뇌에서 더 크다. 직관과 기억력에 연관되는 뇌섬엽과 해마도 마찬가지로 여성의 두뇌에서 용적이 더 클 뿐 아니라 더 활동적이라고 한다. 반면에 남성의 두뇌는 두려움과 위험, 우리의 생존에 관계된 모든 것에 대한 자극에 반응한다고 생각되는 편도체가 더 발달되어 있다고 한다.

남자와 여자의 지능 차이를 알아내려고 다양한 종류의 연구와 실험이 이루어졌다. 그 연구와 실험들의 결론은 위키피디아에 한 페이지(영문)로 정리되어 있다. 그 결론에 따르면 조르주 브라상스 Georges Brassens(1921~1981. 프랑스의 대표적인 가수, 작사가, 작곡가로서 날카로운 풍자와 유머가 담긴 노래로 사랑받았다—옮긴이)가 노래했듯 여자는 무엇보다 감정적이고 말이 많다. 즉 여자는 말로 하는 언어 표현 능력이 남자보다 뛰어나고 얼굴 표정을 더 잘 읽어내는 반면, 남자는 사물을 공간적으로 더 잘 개념화한다고 한다(그러니까 도로 운전 지도를 더 잘 읽는다는 말인데…). 끝으로, 여자와 남자는 어떤 문제를 해결하기 위해서 서로 다른 경로를 거치지만, 결국 똑같은 결과에 이른다고 한다.

이러한 과학적 발견을 열거하자면 더 길겠지만 이렇게 간략히 요약하는 이유는, 연구든 다른 분야에서든 유행과 경향성이 크게 작용한다는 사실을 강조하는 것이 중요하다고 생각하기 때문이다. 수 세기 동안 여성의 지능을 사냥하느라 여성이 열등한 존재임을 증명하려 했다. 지금은, 결실을 맺기 시작한 페미니즘 투쟁 덕분에 지능의 상호보완성이 강조되는 경향이 있다. 시리 허스트베트Siri Hustvedt는 이 문제를 다음과 같이 훌륭하게 표현했다.

"1950년대 이후로 섹스와 젠더를 구분하기 시작했다. 전자는 인류를 생물학적으로 구분한 것이고, 후자는 여성성과 남성성에 대하여 시대와 문화에 따라 변화하는 사회적으로 구축된 생각 일체를 포함한다. 하지만 이러한 이분법조차 이론적인 측면에서 모호해졌다[7]."

그런데 갓 태어난 여성과 남성의 두뇌에서는 그 어떤 해부학적인 차이도 관찰되지 않았다. 그렇다면 지금껏 이루어진 연구를 모조리 부정해야 할까? 아니다. 그 연구들은 시간이 흐르면서 남자아이와 여자아이에게서, 모든 인간에게서 사실상 변화가 생긴다는 사실을 증명하기 때문이다. 최근에 신경 과학에서 이루어진 중요한 발견 중 하나는 뇌가 가소성이 있으며 변형 가능하다는 사실이다. 즉 뇌는 외부 환경의 영향을 받아서 변화한다. 뇌는 무슨 일을 하면서 시간을 보내는지, 어떤 운동을 하고 어떤 직업에 종사하는지 등에 따라 다르게 형성된다. 택시 운전사의 뇌는 바이올린 연주자의 뇌와 다를 것이며, 능숙한 바이올린 연주자의 뇌는 초보 바이올린 연주자의 뇌와 다를 것이다…. 뇌는 여자로 태어났든 남자로 태어났든 한 인간이 살아가는 삶을 본떠 형성된다.

그렇다면 영재의 뇌는 어떨까? 의료 영상이 이 지점을 조금 밝혀주었다. 신경 과학에 따르면 영재의 뇌는 지능 지수가 100 정도인 사람의 뇌와 다르다. 신경 세포가 더 많이 있는 것이 아니라, (감각 기능과 추론 기능을 책임지는) 전전두엽과 두정엽에서 신경 세포가 더 많은 양의 백질(백질은 신경 세포들을 서로 연결하는 긴 돌기로서 미엘린이라 불리는 흰색 막으로 둘러싸여 있다)로 서로 연결된다. 따라서 영재의 사고는 생각들이 서로 훨씬 더 많이 연결되어 있어서 나뭇가지 모양으로 갈라지는 특징(사고가 여러 방향으로 전개됨)을 보인다. 거기에 덧붙여 영재는 '보통의' 뇌가 사용하지 않는 뇌 영역을 동원한다는 사실이 관찰되었다. 정보는 지능 지수가 더 낮은 사람에게서 보다 (0.05ms만큼) 더 빨리 이동하고, 뇌의 양쪽 반구 사이가 더 효율적으로 연결된다.

그렇다면 잠재력이 높은 여자와 남자의 뇌를 비교한 연구가 있을까? 있다. 지적으로 뛰어난 아동에 관한 사실은, 잠재력이 높을수록 여아와 남아 사이에 시간을 보내는 활동의 내용에 차이가 작다.

나는 베로니크를 떠올린다. 그녀는 잘 알려진 어느 프랑스 잡지의 기자인데, 아들 문제로 나를 찾아와 상담을 받았다. 베로니크는 자기 자신의 영재성에는 전혀 관심이 없었다. 그녀는 자신이 매우 명민하다는 사실을 알고 있었고, 그 사실은 잡지사의 모두가 알고 인정했다. "사람들은 내가 남자의 지능을 지녔다고 말하죠."

나는 이 책에서 호르몬들이 하는 역할과 그 영향을 설명할 텐데, 그에 앞서 성호르몬을 목적을 위해 단순화하는 생각은 당장 버려야 한다. 성격을 온순하고 수동적으로 만들거나, 반대로 강인하고 폭력적으로 만드는 호르몬은 존재하지 않는다.

여성을 멸시하는 분위기가 특히 강한 분야에서 성공한 베로니크 같은 경우는 전혀 이례적이지 않다. 베로니크의 경우는 우리의 마음이 똑똑한 여성에게 불리한 고정 관념에 얼마나 깊이 젖어 있는지 여실히 드러낸다. 나의 목적은 이제껏 무수히 출간된 가부장 사회를 비판하는 글을 쓰려는 것이 아니며, 페미니즘적인 맹렬한 전투를 벌이려는 것도 아니다. 하지만 나는 심리치료사로서 한 개인의 정신 현상에 영향을 미칠 수 있는 모든 요인을 고려해야 한다. 전통이든, 생물학적·인류학적·통계학적 진리든, 혹은 민간 신앙이든 고정 관념은 우리 사회에서 생겨나는 순간부터 개인이나 대중이 타인과 세상을 바라보는 관점에 영향을 미친다. 일반 여성과 영재 여성은 여성성을 남성성과 여전히 분리하는 사회를 살아간다. 전형적인 남성과 전형적인 여성이 존재하며 '남성적'인 특징과 '여성적'인 특징이 존재한다. 우리 사회는 여성이 행동하고 생각하고 표현하는 방식, 이러 저러한 상황에서 여성이 해야 하는 역할에 대한 특정한 기대를 지닌다. (이른바 남성적인 특질과 비교하여) 여성적인 장점과 단점이 있고, 여자에게 쉽게 할당되는 직업과 직무가 있다. 또 부모가 가끔은 무의식적으로 거는 기대가 있으며, 그러한 기대는 모든 여자 아동과 어른 여성, 특히 잠재력이 높은 여성을 변화시키고 형성한다.

그러므로 나는 여성에게 영향을 미치는 고정 관념들, 특히 뛰어난 여성에게 적용되는 고정 관념들을 다루려 하며, 그 목적은 그들이 거기에서 벗어날 수 있도록 하는 것이다. 내가 다루는 내용은 영재라고 진단을 받았는지 여부에 상관없이 뛰어난 여성에게 모두 적용된다. 일단, 일반적으로 뛰어난 여성에 대한 편견과 영재 여성의 편견이 서로 맞닿기 때문이며, 또 영재성이 반드시 훌륭한 경력을 보장해 주지는 않더라도, 뛰어난 여성들의 사례가 자신의 잠재

력을 활용하고자 하는 여성에게 영감을 주는 원천이 될 수 있기 때
문이다.

## 제1장

" 영재성은 세상을 파악하고
느끼는 어떤 독특한 방식이다 "

**잠재력이 높은 여성의 특수한 차이점**

　나는 임상 심리학자로 활동하면서 나를 찾는 성인 환자들에게 지능에 대해 말할 때 남녀를 구분하지 않도록 항상 신경 써 왔다. 보통 지능 지수라 부르는 것에 대해 말할 때면, 모든 환자에게 성별 구분 없이 똑같은 기준과 정의를 제시했다. 환자들은 똑같은 테스트를 받고, 그 결과는 똑같은 등급에 따라 판독된다. 하지만 여성에게만 존재하는 독특함이 있다. 모든 여성이 지니고 있으며 그로써 남성과 완전히 구별되는 그런 특수성이 아니라, 사회가 여성을 바라보는 시선 때문에 생기는 특수성이다. 사회가 여성을 바라보는 시선은 잠재력이 높은 사람이 남성인지 여성인지에 따라 다르기 때문이다. 여성은 그러한 특수성을 여러 해에 걸친 학습 기간에 받는 교육과 자신이 성장해 가는 사회의 전반적인 문화에 따라 발달시킨다.

　사람들이 보통 생각하는 것과 달리 영재성은 지능 지수와 거의 관계가 없다. 여러 테스트로 영재성을 평가할 수는 있지만 그것을 정의 내릴 수는 없다. 영재성은 무엇보다 생각하고 세상을 파악하는 어떤 다른 방식, 끊임없이 캐묻고 의문을 제기하는 호기심에 찬 어떤 시각이다. 보통 사람에 비해 영재는 더 많이 지각하고 느낀다. 그의 생각은 나무처럼 가지를 친다. 생각은 동시에 여러 경로를 따라서 전개되는데, 그 경로들 사이에는 논리적인 연관성이 없다. 정서적 측면에서 그들은 매우 민감하며, 이는 곧 그들이 외부 사건들과 상호 작용하는 정도와 폭이 더 크고 넓음을 뜻한다. 그들은 에너지가 넘치며, 이는 평균을 넘어서는 집중력 같은 과다 흥분성(hyperexcitabilité)으로 나타날 수 있다. 그들은 학습에 대한 의욕이 크고 능력이 뛰어나며, 이는 평생 지속된다. 관계 지능의 경우, 영재는 자신이 남들과 다르고 무언가 어긋난다는 느낌을 받는데, 그들은 이런 느낌을 받아들일 수도, 아닐 수도 있으며, 공감한다는 느낌도 마찬가지다. 그들은 창조적인 사람이다. 보통 사람들이 교차시키지 않을 생각과 개념들을 결합시킨다는 점에서 그렇다. 끝으로, 윤리적인 관점에서 영재는 목표를 높이 두고, 타협하지 않으며, 일관되고, 완벽을 추구하고, 불의에 민감하며, 의미와 진리 추구에 응할 필요를 느낀다.

나는 이러한 영재성의 특징을 앞서 쓴 책들에서 더 길게 설명했는데, 그런 특징의 일부가 여성에게서 매우 강하게 나타난다. 그 첫 번째 특징이 민감성이다.

# 초민감성
:
## 스펀지처럼
## 모든 것을 빨아들인다

상담할 때 가장 먼저 다루는 특징이다. 잠재력이 높은 여성은 스펀지처럼 모든 것을 빨아들인다. 다른 사람들의 감정, 소리, 빛…. 그들이 매우 민감한 사람, 즉 초민감한 사람임은 말할 것도 없다. 그들은 자신의 공감 능력 때문에 눈앞에서 벌어지는 고통을 마음속 깊이 받아들여 존재론적인 우울감에 빠져들 위험이 있고, 이로 인해 결국 마약을 먹거나 자살할 수 있다. 이는 물론 극단적인 경우지만, 공감하는 성향은 그들이 하는 직업 선택에서도 두드러지게 나타난다. 나의 여성 환자 중 많은 사람이 유아 교육부터 고등 교육에 이르기까지 각종 교육 분야에 종사한다. 또 많은 여성이 심리학에 관심을 가지며 결국 그것을 직업으로 실천하기도 한다. 도우려는 의도, 타인에게 유용한 존재라고 느끼려는 마음이 대체로 그들이 한 직업 선택의 이유였다.

통계적으로 보았을 때 그러한 직업에 종사하는 사람이 대부분 여성이며, 따라서 그중에 영재 여성이 있을뿐이라고 생각할 수 있다. 하지만 나는 몇몇 사례를 보면서 다르게 생각하게 된다. 레타 홀링워스Leta Hollingworth(1886~1939년)의 사례도 그중 하나다. 그녀는 교육 문제를 연구한 심리학자로서 여성의 영재성에 관한 연구를 개척한 인물 중 한 사람이다. 그녀가 태어난 첫해에 그 어머니가 쓴 일기장을 보면 그녀가 매우 활발했으며 영재일지 모른다고 쓰여있다. 레타 홀링워스는 15세에 자기가 사는 도시의 지역 신문 제작에 참여했고, 16세에 대학 공부를 시작했다. 레타는 글을 쓰고자 했으나, 출판사에서 여자라는 이유로 그녀가 쓴 단편 소설을 거부했다. 그녀는 학교에서 문학을 가르치지만, 남편이 정착한 뉴욕으로 따라가면서 교사 경력을 계속할 수 없게 된다. 당시에 뉴욕에서는 기혼 여성이 가르치는 일을 금지했기 때문이다. 남편의 도움과 격려를 받아 그녀는 여성에 대한 차별을 극복하고 컬럼비아 대학에서 다시 공부를 시작한다. 자신이 부딪친 반대 때문에 그녀의 관심사는 문학에서 교육학과 사회학으로 옮겨간다. 레타는 종합 병원에서 일하며 주목을 받아 벨뷰Bellevue 병원의 심리학과 책임자가 되기에 이른다. 그와 동시에 여성 심리와 영재 아동에 관심을 두고 연구를 계속한다. 『영재 아동』[1]을 쓴 그녀는 결국 타인에게 관심을 두기로 선택한 것이다. 그녀는 남들과의 차이 때문에

—심지어 그 아동들을 담당하는 교사조차 보이는— 편견으로 인하여 피해를 보는 특별한 어린이들에게 해가 될 만한 내용은 아무것도 출간하지 않도록 조심했다. 또 다른 잘 알려진 사례는 지능 지수가 140인 내털리 포트먼Natalie Portman이다. 그 젊은 여성은 매우 일찍 시작한 배우 경력과 병행해 하버드 대학교에서 심리학, 특히 아동 심리학을 공부했다. 그녀가 자신의 직업에 대해 어떻게 말하는지 들어보라. "배우로서 우리가 하는 일은 공감입니다. 우리 일은 다른 사람의 삶이 어떨지 상상하는 것이에요. 만일 실제 삶에서 그런 일을 할 수 없다면, 인간으로서 그렇게 해내지 못한다면, 배우로서 잘하기란 물 건너간 거죠!"

영재 여성에게서 왜 그런 특성이 두드러지게 나타날까? 여성은 어린 나이에 영재로 진단받는 경우가 남자 아동보다 드물다. 그 이유는 여자 아동이 학교 환경에서 문제를 덜 일으키고, 자신이 반감을 느끼는 명령이나 요구에 덜 저항하기 때문이다. 학교에서 남자 영재 아이는 반발하지만, 여자 영재 아이는 순종하며 매우 성실하게 학업을 수행한다. 그 여자 아동들은 이해받지 못하지만, 부정적인 방식으로 눈에 띄지도 않는다. 그들은 부모와 교사의 마음에 들고 그들의 기대에 부응하려고 걱정하며 애쓴다. 그러면 그들이 느끼는 근심은 몸속의 혹 같은 병이 되고, 그들은 매우 예민하기 때문에 타인의 고통에 더욱 주의를 기울인다. 이런 특성은 지배적이 되어 그들이 타인과 맺는 관계에서 드러난다. 바로 이 초민감성, 공감 능력이 잠재력이 높은 여성으로 하여금 자기 경력을 포기하고 힘든 시련(학업 실패, 실업, 질병…)을 겪는 가족 누군가를 돌보게 만든다.

# 다르다는 느낌

:

## 그들의 공통분모는
## 바로 '다름'이다

유년기에 영재성을 발견해내지 못하는 문제와 관련하여, 잠재력이 높은 여성의 또 다른 특수성은 자신이 무언가 다르다는 매우 강한 느낌이다. 아래의 젊은 여성만큼 그러한 사실을 우리에게 잘 이해시킬 사람이 있을까?

"여러 해 동안 무척 힘들었어요. 6살에 처음으로 우울증에 걸렸죠! 나는 이 세상을 이해하지 못했고, 학교는 내가 다르다는 이유로 나를 거부했죠. 나는 너무 다르다고 느껴서 내가 자폐인인 줄 알았어요. 24살에 아이를 낳았고… 무너져 내렸죠…. 그때부터 다시 일어서기 시작했어요. 지금 나는 강해졌고 마음이 편안해요. 일하면서 영재 아동들을 돌봐요. 교육부에서 EIP(enfants intellectuellement précoces, 지적으로 뛰어난 아동)라고 분류한 아이들인데, 지능 지수가 150이어도 글을 읽을 줄 모르는 애들이죠…. 왜 그런지 설명해 주고 생활에 적응하는 실마리를 알려줘서 부모-자녀 관계가 회복되는 모습을 보면서 나 자신이 얼마나 유용하다고 느끼는지 몰라요. 저 애들은 더 잘 살아가려고 25살이 될 때까지 기다리지 않겠구나 싶죠!"

보통 잠재력이 높은 여성은 사고하는 방식이 무척 원활하고 복잡하기 때문에 자신이 남들과 다르다고 느낀다. 만일 아무도 그러한 차이에 이름을 붙이고 그것을 진단 내리도록 도와주지 않으면, 그 여성은 쉽게 공포에 가까운 감정에 빠진다. 잠재력이 높은 여자 아동은 청소년기 이전에 남자 아동보다 학교에서 더 잘 적응하고 반항을 덜 하므로, 자신이 느끼는 불편함과 지적·정신적·관계적인 당혹감을 넘어서는 경향이 있다. 또 같은 연령의 남자 아동보다 평균적으로 더 성숙해서 자신에게 기대되는 것과 자신의 실제 능력 사이의 간극을 무척 예민하게 느낀다. 또 잠재력이 높은 여성은 자기 자신이 주위에 받아들여지도록 노력해야 한다는 사실을 더 강하게 인식하는 편이라서선생님과 친구들과 잘 지내야 한다는 생각, '두 번째 여자 콤플렉스(complexe de la seconde. 프랑스의 사회학자 나탈리 에니크Nathalie Heinich가 제시한 개념으로 두 번째 아내가 첫 번째 아내에게 남편의 사랑에 대하여, 딸이 어머니에게 아버지의 사랑에 대하여 느끼는 경쟁심과 불안, 자기 부정, 열등감—옮긴이)'라고 부를 수 있을 성향(거짓 자기(false self)를 더 일찍 발달시키고, 이 거짓 자기는 대체로 남자 아동보다 더 깊이 고착된다.

다시 학교생활을 살펴보면, 잠재력이 높은 여자 아동은 부모를 기쁘게 하려고 매우 신경을 쓰고, 자신이 부모의 마음에 들지 않을까 걱정하며(아! 어김없이 영재 여성을 괴롭히는 그 걱정!), 부모가 남자 아동보다 여자 아동의 성공에 신경을 덜 쓰고 여자 아동이 성공해도 그에 맞는 수준으로 칭찬해 주지 않는 경향이 있기에 더더욱 자신이 얻은 결과에 만족하지 못한다. 평가에 대한 이러한 불평등을 형제자매 관계 안에서 경험하고 나면, 잠재력이 높은 여자는 남자와 경쟁해야 하는 상황에 놓이면 주목을 받지 않도록 스스로 물러서는 '반사적인 행동'을 계속 유지한다. 바로 이것이 권력의 최고층에 뛰어난 여성이 없는 —혹은 극소수인— 이유일 것이다.

직업 교육에서 영재에 관하여 실시한 스위스의 어느 연구는 주목할 만하다. 프리부르 대학의 교육학 교수인 마르그리트 슈탐 Margrit Stamm이 그 연구를 설명한 내용에 따르면 여성이 남성보다 자신감이 더 부족하고, 스트레스 상황에서 더 취약하며, 교육 과정에서 목표를 설정할 때 덜 확고한 태도를 보인다. 그러한 취약함과 자신감 부족은 어른이 되어서 영재로 진단 받은 여성에게서 더 확실히 보인다. 영재 여성이 일찍 진단을 받으면 그러한 성격 특성을 지나치게 발달시키지 않는다. 보통 여자 아동에 비하여 영재 여자 아동은 청소년기에 경쟁심과 모험심(위험을 감수)을 더 많이 보이고, 더 자율적이고 겸허하며, 자기표현을 더욱 분명하게 한다. 그리고 매우 선별적인 직업(판사, 외과의사, 정치인 등)을 선택한다. 영재 여자 아동에게 관건은 남들에게 인정받는 일이 아니라, 자기 자신을 스스로 인정하는 일이다.

물론 일부 영재 여아는 학교에서 교사가 부당한 처우를 하면 반발하고 반항하지만, 그런 경우는 매우 드물다. 우선 교육 지대(ZEP. 프랑스에서 타 지역에 비해 교육 환경이 열악해 추가적인 노력과 교육 프로그램이 필요하다고 판단된 지역—옮긴이)의 중고등학교에 다니며 성장한 어느 젊은 여성의 사례가 떠오른다. 그녀는 성적을 보면 좋은 학생이었지만, 친구들과 잘 지내기 위해서 학급 일등이라는 이미지를 깨고 교사의 호감이나 호의를 차단해야 했다. 그래서 반항하는 학생 정체성을 만들어 자신에게 부여했고, 교사들을 골탕 먹일 몇몇 전략을 꾸며서 가령 교사가 자기 이름을 부르면 대답하지 않고 디즈니 만화 영화의 등장인물 이름으로 불러야 대답했다. 이런 유형의 행동은 거짓 자기가 드러나는 일반적인 방식이다. 그 청소년은 자신이 느끼는 거북함을 극복하기 위해서 주위 환경의 지배적인 집단—까다로운 학생—에 부합하는 어떤 인물상을 만들어 낸 것이다. 그 학생은 항상 좋은 성적을 받았으므로 부모나 교사는 그녀가 보이는 반항기를 대수롭지 않게 여겼으며, —그녀의 말에 따르면— 교사들은 그러한 행동이 위장술에 불과함을 깨달았을 것이다. 결국, 그 학생은 대학 입학 자격시험에서 최우수 성적을 받은 학생에게 주는 장학금을 받았고, 자기가 살던 도시를 떠나 수도인 파리로 떠났다. 그녀는 그로부터 10년이 지나서 고통스럽게 무너져 내리는 경험을 한 끝에 상담을 받았다. 이러한 사례를 보면, 검사 요청을 하는 여자 아동의 경우가 확실히 늘기는 했지만, 아직 여아와 남아의 경우가 평등하지 않다는 사실을 강조하는 일이 중요하다. 여자 아동이 학교 체계에 더 잘 적응하는 것처럼 보인다는 이유로 그들이 영재라는 사실을 간과하거나 그들이 느끼는 고통을 무시해서는 안 된다. 그들은 자신이 활짝 꽃필 풍성한 환경에 놓일 자격이 있다.

# 강렬함
:
## 두뇌 과다 활동성에
## 과다 감동성이 결합된 것

여기에서 강렬함은 두뇌 과다 활동성(hyperactivité)에 과다 감동성(hyperémotivité)이 결합된 것을 뜻한다. 강렬함은 흥분성(excitabilité)과 함께 나타나며, 어떤 생각이나 사람에 대하여 열정을 발휘하게 만들고, 의미와 절대성, 진리를 추구하도록 한다. 이는 모든 영재에게 공통으로 나타나는 특성이지만, 여성은 이를 독특한 방식으로 표현한다.

"몇 번이나 이렇게 생각했죠. 나는 정도가 지나치고, 강도를 조금 낮춰야 한다고요."
"나는 삶의 의미에 대해 지나치게 깊이 생각하는데, 너무 힘겨워요. 그러고 나면 잠을 이룰 수 없지요."

"직장에서 문제를 겪어요. 나는 지나치게 직접적이고, 지나치게 말이 많죠."

이 '지나치게'라는 수식어는 잠재력이 높은 여성을 정의 내리는 말이라고 보아도 좋다. 잠재력이 높은 여성은 '더 많이'라고 표현할 수 있었을 텐데도 자신을 그렇게 인식하지 않고, 그 주변 사람들도 마찬가지다. 강렬함은 그 여성들이 지닌 성격의 한 특징으로서 그들이 타인, 특히 부모나 동반자, 남편, 직장 동료들과 맺는 관계를 불편하게 만든다. 그 여성들이 감정을 느끼는 강렬함, 추론하는 집요함은 지나쳐 보인다. 그래서 그들을 평소에 대하는 사람들에게 경쾌함과 처세술이 부족하고, 답답하며 '오래 견디기에는 피곤한 사람'으로 인식된다. 그 여성들이 끊임없이 제기하는 질문들, 그들이 읽고 나서 남과 공유하려는 온갖 독서의 내용, 그들의 충족되지 않는 호기심 때문에 사람들은 불편해한다. 여자 아동이나 청소년의 경우, 그러한 강렬함에 대하여 질책을 받으면 자신이 다르다는 느낌이 더 심해지고 끝내 체념하고 침묵하게 될 수도 있다. 나에게 상담을 받는 영재 여자 어른들의 경우, 직장에서는 그러한 상황을 그럭저럭 체념하고 받아들이더라도 동반자나 남편이 자신의 그런 강렬함을 이해하지 못하면 심하게 걱정한다. 나의 블로그에 올라온 다음과 같은 호소가 그 증거다.

"우리가 느끼는 욕구들, 우리가 벌이는 끝없는 탐색, 우리의 복잡한 기대, 우리의 불안을 남편/친구가 이해할/받아들일 수 있도록 도와줄 적절한 설명 방법이 있을까요? 자기 자신을 받아들이는 법을 배우는 일, 그러니까 자기 자신을 길들이는 일은 결국 서서히 해내죠. 하지만 우리와 함께하는 사람은요? 그 사람의 의문과 의구심, 두려움은 어떻게 하지요? 나를 사랑하는 사람이 무엇을 하든 우리가 결코 완전히 행복해지고 자신을 성취해 꽃피우고 완벽하게 만족하지 못할 거라는 이런 현실은 너무 힘들어요…. 하지만 그들은 최선을 다하고 할 수 있는 모든 것을 하죠. 나는 그 사람들이 나를 사랑하고 이해하려고 노력하다 지칠까 겁이 나요."

나의 조언: 주변 사람 중 단 한 사람에게 모든 것을 기대하지 말라. 당신의 기대를 분할하라. 당신의 동반자가 조언자인 동시에 친구, 성적인 파트너, 협력자, 보호자일 수는 없다.

# 흥분성
:
# 야심 찬 계획을 위해
# 위험을 감수하게 이끄는 것

이는 영재 여성들의 특성인 과도한 에너지가 그들의 초민감성과 극도로 예민한 감각 인지 능력과 결합하여 생기는 결과다. 이는 과잉 행동성(신경 발달 장애, 혹은 주의력 결핍 장애(TDA))이 아니다. 흥분성은 과잉 행동성과 달리 집중력이나 다양한 여러 계획을 실현하기 위해서 에너지를 유익하게 결집하는 능력을 전혀 저해하지 않기 때문이다. 이는 잘 간직해야 할 특성이다. 흥분성은 삶을 활짝 꽃피우기 위한 성공의 열쇠다. 일단, ─일을 추진하는 사람의 수준에서─ 모든 야심 찬 계획을 실현하는 데 필요한 위험을 감수하도록 이끌기 때문이다. 그리고 흥분성은 '적지만 더 잘'이라는 논리와 달리, 많은 뛰어난 여성이 성취감을 느끼는 데 중요하게 작용했기 때문이다. 꼭 읽어 보기를 권하는 샐리 M. 레이스Sally M. Reis가 쓴 글[2]에서는 미국의 여러 영재 여성의 성공 모델을 제시한다. 그 글에는 이렇게 쓰여 있다.

"또한, 여성 대부분에게서 재능이 다양하게 발달한다는 사실이 확인되었다. 반면에 확고한 목표 설정은 일부 여성만 보였다. 아이제이아 벌린Isaiah Berlin은 1953년에 출간한 에세이『고슴도치와 여우The Hedgehog and the Fox』에서 아르킬로코스의 말을 인용해 여우는 많은 것을 알고 있지만 고슴도치는 단 하나의 큰 것을 알고 있다고 단언한다. [⋯] 본 연구에서 뛰어나면서 동시에 고슴도치인 여성은 거의 없었다. 왜냐하면 그들 대부분이 자신의 능력을 다양화하여 발달시키기 때문이다. 이는 어쩌면 일부 뛰어난 여성들이 노벨상을 받지 못하고 자신이 활동하는 분야 바깥에서는 인정받지 못하더라도, 어느 여성의 말을 인용하자면 '흥미로운 관계 맺음과 의미 있는 노동, 강력한 관심사, 애정과 만족감이 주는 풍요로운 이점들로 꽉 찬 잘 산 인생'을 살도록 만드는 이유 중 하나일 테다."

물론 흥분성에도 단점이 있다. 일단 지친다는 것이고, 또 다른 사람들이 보기에 '여러 일을 벌이지만 제대로 하는 것은 하나도 없는 사람'으로 간주될 수 있다는 점이다. 좌절감과 극심한 피로감에 이어 자신이 무능한 인간이라는 가슴을 짓누르는 느낌을 받을 수 있다. 앞으로 살펴보겠지만, 자신감 부족은 제대로 이해받지 못하는 잠재력 높은 여성이 지닌 주요한 약점이다.

# 완벽주의

:

## 더 나은 것을 추구하고
## 자신을 뛰어넘고자 하는 열망

 

나는 내가 쓴 책『행복을 찾아 나서는 영재 어른L'Adulte sur-doué à la conquête du bonheur』에서 이 성격 특징을 고대 그리스의 엔텔레케이아 개념과 연관 지어 다루었는데, 엔텔레케이아는 영혼을 고양시키고 완벽함에 도달하려는 성향이다. 매우 풍부한 에너지를 지닌 사람에게 이는 자신이 지닌 독특한 것을 기준으로 삼고 자기 자신을 유일한 가치 척도로 삼아서 자기를 실현하는 일이다. (고대 철학자들이 제시한 개념으로 되돌아갈 필요성을 느낀) 니체가한 유명한 말 "너 자신이 되어라."가 떠오른다. 현대 사회를 살아가는 영재에게서 완벽주의는 주변 사람들의 생각은 무시하고 자신만의 고유한 야심을 척도로 삼아 자신이 하는 일을 판단하려는 경향으로 나타난다. 남녀 영재는 사회가 주는 보상보다는 자신이 하는 개인적인 도전에 더 민감하다. 이는 가식과 순응주의를 피하는 사람이라면 높이 평가할만한 타협할 줄 모르는 성격으로 나타난다. 아름다움과 진리, 더 나은 것을 추구하고 자기 자신을 뛰어넘고자 하는 열망은 참으로 매력적이다. 이러한 자신의 성격 특징을 —의미 추구를 위해서, 직업적 또는 예술적 목표를 위하여— 활용하는 영재는 다른 사람들을 인도하는 모범이 될 수 있다.

하지만 그러한 자질에도 단점이 있다. 완벽주의는 따르기 힘들거나 불가능한 지나친 완고함이나 요구로 이어질 수 있다. 따라서 사람들은 똑똑한 여자가 자기 자신과 남들에게 지나치게 많은 것을 요구한다고 자주 비난한다. 그러한 여자는 기준을 너무 높게 두기 때문에 고립될 수 있다. 부모나 교사가 영재 여자 아동에게 거는 기대 수준이 높지 않거나, 그러한 아동이 학교에서 잘 적응하려고 대단한 노력을 기울임에도 불구하고 훌륭한 성적을 거두어도 부모나 교사가 칭찬하지 않으면, 이는 아동에게 해로운 영향을 미친다. 그들은 자기 자신에게 더욱 엄격해지고, 뒤이어 자신을 낮고 부정적으로 평가하는 경향을 발달시킨다. 그들은 자신을 성취하는 데에 필요한 통찰력을 얻지 못하고, 자신의 가치와 강점을 알지 못하게 된다. 잠재력이 높은 여성이 겪는 고통에 관한 이 점은 다음 장에서 다시 다루겠다.

# 관용성

:

## 높은 지능은 대체로
## 관용성과 짝을 이룬다

지금까지 여성의 영재성에서 지배적으로 나타나는 특징과 그것이 남자 영재들의 특징과 어떻게 차이가 나는지 설명했다. 그렇다면 영재 여성과 일반 여성 사이에는 두드러진 차이가 있을까?

그에 대한 답은 '그렇다'이다. 이러한 비교(보편적인 기준으로 남자 영재들과 비교하는 것이 아니라, 같은 여성들과 비교)에서 흥미로운 점은, 용어가 바뀌거나 심지어 정반대된다는 사실이다. 영재 여성들은 더 이상 '지나친' 것이 아니라 '더' 혹은 '덜' 한다. 지능 지수가 100쯤 되는 여자 아동과 비교하여 영재 여아는 더 관용적이고 자율성이 높으며 더 겸손하고 독창적이라고 묘사된다. 또 창조성이 더 높고, 상상의 세계를 더 많이 동원하며, 언어와 글을 더 일찍 지속적으로 잘 다룬다. 끝으로, 영재 여아들에게서는 다른 사람들의 마음에 들려는 욕구가 더욱 강하게 나타난다. 하지만 이는 보통 사람 모두가 마찬가지 아닐까? 일단, 높은 지능은 대체로 관용성 및 겸손함과 짝을 이룬다. 높은 지능 덕분에 마음이 열려 있어서 관용적이고, 비판적으로 거리를 둘 줄 알고 자신을 앞서간 다른 사람들이 걸어온 길을 인식하고 있으며 질문을 던져야 할 막대한 것들을 인식하기 때문에 겸손한 것이다. 독창성과 창조성은 나뭇가지 모양으로 뻗어나가는 사고방식 때문이다…. 한편 사회가 일반적으로 여성에게 여성 모델로 제시하는 모습과 영재 여성이 자기 자신을 바라보는 모습이 크게 차이난다. 명민한 여성 혹은 적어도 내가 상담을 한 여자들의 경우, 그들은 자신을 자신의 성별이나 젠더로써 정의 내리지 않는다. 그들은 남들이 자기가 여자라는 사실을 일깨울 때에만 여자로서 생각하고 반응하고 자신을 자리매김한다(혹은 그렇게 하기를 거부한다). 그리고 지능을 자신의 '남성적인' 측면이라고 말하기도 한다. 그런데 그러한 여성을 키워드나 수식어로 묘사해 보려고 시도하면, 보통 여성성이라고 일컫는 특성 뿐 아니라 남성성이라고 생각되는 특성도 뒤섞여서 나타난다.

남성과 여성 젠더에 부여되는 특질의 목록을 최초로 작성한 사람은 여성 심리학자인 샌드라 립시츠 벰Sandra Lipsitz Bem이다. 그 작업의 목적은 사회가 얼마나 고정 관념들을 바탕으로 구축되었는지 측정하고, '양성성(兩性性, androgénéité)'이라는 제3의 길이 존재함을 증명해 보이는 것이었다. 그녀는 여성성과 남성성을 어떤 단 하나의 연속체의 상반되는 양극으로 간주하기보다는, 서로 평행을 이루는 여러 특징으로 이루어진 전체로 간주한다. 심리학적인 의미에서 '양성적'인 사람은 남성적 특징(독립성, 자율성, 지배성)과 여성적 특징(따스함, 타인의 감정 인식, 표현력)을 모두 강하게 지닌다. 샌드라 립시츠 벰은 젠더 특성이 한쪽으로 지나치게 편향되는 것은 개인적·사회적으로 파괴적일 수 있으며, 사회가 생각하는 것보다 더 폭넓고 다양한 남성성과 여성성이 존재한다고 단언한다. 몇몇 심리학자는 어떤 특질을 남성적이거나 여성적이라고 부르는 것은 선입견이라는 원칙을 바탕으로, 창조적인 사람들과 영재 여성들은 양성성을 지니는 경향이 있다고 지적했다. 심리학 박사이자 캔자스 대학 교수인 바버라 커Barbara Kerr는 다음과 같이 밝힌다. "영재 여자 아동은 여러 측면에서 남자 아동과 비슷하지만, 그래도 여자 아동에게 기대되는 사회적인 태도와 가치, 행동을 유지하는데, 이는 아마도 사회규범과 지나치게 다르게 보이지 않기 위해서일 것이다[3]." 한편, 여성 심리학자인 엘런 위너Ellen Winner는 그러한 아동이 모든 지배적인 가치를 거부하므로, 그들이 젠더에 대한 고정 관념을 거부하는 일도 자연스럽다는 가설을 제시한다[4]. 이것이 아마도 영재인 아동 및 성인 여성이 자신이 지닌 양성성을 전혀 중요하게 여기지 않는 이유 중 하나일 테다. 완벽함의 원형과 모델의 문제—그러한 원형과 모델이 영재 여성이 자신의 정체성을 탐색하는 데 있어서 어떤 식으로 크게 영향을 미치는가—는 이 책의 뒷부분에서 다시 다루려 한다.

# 영재성을 사회적 성공 무기로 사용하지 못한다

영재 여성이 자신의 영재성을 생각하는 방식에는 어떤 특수성이 있다. 여성이 심리 치료 중에 자신의 잠재력이 높다는 사실을 알게 되면, 가장 먼저 보이는 반응은 충격이다. "나는 영재에 관한 글을 읽고 울었어요. 그 글에서 내가 했던 모든 생각을 알아보았죠." 이러한 발견이 늦을수록 충격은 더욱 크다. 68세인 어느 여성은 나에게 이렇게 썼다.

"잠재력이 높은 아동에 관한 영화 한 편을 보고 엄청난 충격을 받았어요. 그건 바로 나였죠! 숨이 턱 막혔고 울음이 터졌어요. 그러면서 내가 진단 받지는 못했지만 영재 아동이었고, 평생 그 짐을 짊

어지고 살아왔다는 사실을 깨달았지요."

　자신이 정체성에 관하여 마음속 깊이 느껴오던 고통에 별안간
어떤 이름이 붙여진다. 남자와 달리 여자에게서는 이렇게 느끼는
최초의 감정이 안도감으로 바뀌는 일이 거의 없다. 그 여자들은 상
황이 앞으로 반드시 더 나아질 거라고 생각하지 않는다. 설명되는
것은 아직 하나도 없고, 그러한 진단 결과가 그녀가 똑똑하고 능력
이 있고 우월하다는 뜻은 더더욱 아니다. 영재 여성은 무엇보다 일
단 이해하고자 한다. "나는 항상 내가 우둔하고 다르다는 느낌을
받았죠. 그런 상황을 이해하고 싶어요."

　많은 여성은 자신의 영재성을 일단 의심한다. 여성은 성인이 되
어서 자신의 잠재력을 아직 모를 때, 진단받는 일을 미룬다. 그러
다 자녀가 맞닥뜨리는 문제들에 대하여 의문을 제기하면서 자신
을 되돌아본다. 영재성을 다루는 데 있어서 여성은 여성만의 독특
한 회의감이 섞인 조심성을 보인다. "아들에게 검사를 받아보게 하
면서 내 어렸을 때 모습을 보았죠. 그 뒤로 관련한 글을 여럿 읽었
고, 지금은 나 자신의 영재성에 대해 질문을 제기할 수 있게 되었어
요." 어린 시절이나 청소년기에 영재로 진단을 받은 여성들조차 자
신이 지적인 잠재력이 높다는 사실을 믿지 않는다고 나에게 털어
놓는다. "나는 나의 영재성을 의심해요. 그게 사실이 아니고 나한
테는 그런 능력이 없다는 생각이 들죠. 만일 내가 영재였다면 학교
에서 일 등이었을 테니까요." 여성들은 자신의 영재성을 인정하는

일을 매우 주저한다. 마치 그 검사 결과 때문에 새롭고 거추장스러운 부속물을 하나 더 달기라도 하는 듯 말이다. 그 여성들은 자신의 그러한 특성에 붙일 만한 가장 좋은 이름이 무엇일지 찾아 헤맨다. 사람들이 요즘 영재를 부르는 말로 사용하는 '얼룩말(zèbre)'(길들이기 힘들고 주변 환경에 녹아들면서도 또렷이 구별되는 얼룩말이 영재와 비슷하다는 뜻에서 잔 시오파생Jeanne Siaud-Facchin이 처음 사용한 용어—옮긴이)이라고 부르기를 선호하는 여자들이 있다. 그들은 그 용어가 더 적합하다고 생각한다. 왜, 어떤 기준으로 그렇게 생각할까? "나는 '영재'라는 말이 싫어요. 거기에는 별 뜻이 없죠. APIE(atypique personne dans l'intelligence et l'émotion. 지능과 정서에서 비전형적인 사람)라는 말이 더 좋아요."라고 어느 인터넷 이용자 여성은 증언한다. 또 다른 여성은 '영재'라는 용어가 '얼룩말 소녀(zébrette)'라는 용어보다 훨씬 더 명확하고 의문을 덜 불러일으킨다는 이유로 옹호한다.

"'영재(surdoué)'라는 말은 단순히 '재능 있는(doué)'이라는 수식어에 '과도한(sur)'이란 접두사를 더한 게 아니에요. 그 말은 어떤 명확한 개념을 가리키는 엄연한 하나의 단어죠. 병풍(paravent)이 지금은 단지 바람을 막는(parer le vent) 용도로 사용되지 않는 것과 마찬가지로…. 단어들은 그것이 정확하게 의미하는 것에 대해 사용해야 하고, 어림잡아 넘겨짚는 사람들에게 고양이를 '고양이'라는 단어로 부를 때 이런저런 의문을 제기할 필요가 없다고 설명해야 해요. 그건 그냥 단어가 뜻하는 그대로일 뿐이죠."

여성이 영재라는 수식어를 받아들이기 힘들어하는 이러한 모습을 통해서 그들이 자신의 영재성을 온전히 떠안기를 얼마나 주저하는지 알 수 있다. 이 점에서 주변 사람들은 그 여성들에게 별로 도움이 안 된다. "아버지는 모든 사람이 똑같고, 자기가 다르다고 느끼는 것은 오만함이라고 말해요." 이는 어느 여자 아동이 한 말이다. 성인기에 이르면 영재성은 외부 세계에 의하여 받아들여지기 더 힘들고, 영재 여성들은 자신에 대한 여러 편견에 부딪힌다. 즉 영재 여성은 건방지고, 자기 확신에 가득 차 있고, 냉랭하고, 모성적인 감정이나 호감을 느끼지 못하며, 자기 경력을 위해 모든 것을 희생하고, 여성을 혐오해서 여자 친구들이 없으며, 다른 여자가 자신이 차지한 서열이나 지위에 도달하는 상황을 못 견디고, 야심으로 가득하고, 만에 하나 동반자나 남편이 있는 경우라도 그 남자가 나약한 모습을 보이는 것을 참지 못한다…. 같은 고정 관념은 일반적으로 영재에게, 그리고 여성 영재에게는 더욱 추가적인 고통의 원천이다. 이는 영재 여성이 다른 사람들과 관계 맺기를 더 힘들게 만들므로, 영재 여성은 자신의 영재성에 대해 말하지 않고 침묵하는 편을 택한다.

영재 여성이 상담을 받으러 오는 이유는 보통 직업적·사회적으로 성공할 방법을 알기 위해서가 아니라, 마침내 행복해지고 더는 고통 받지 않게 해 줄 어떤 타협안을 찾기 위해서다. 그들은 자신이 겪는 고통에 대한 이유를 찾거나 삶의 조화와 균형을 이루는 일에 몰두하느라, 자신의 영재성을 성공과 최고의 직장을 구하고 가장 유리한 계약을 따내고 화려한 영광을 보기 위한 무기로 사용하려는 생각조차 못 한다. 나의 진료실을 찾는 여성 중에서 자신의 잠재력을 남들에게 어떻게 인정받게 만들지를 최우선 목표로 삼는 사람은 단 한 명도 없었다. 여성은 자신의 차이점을 장애가 아닌 강점으로 만들 수단을 찾는 데에는 스스로 나서서 관심을 두지 않는다. 잠재력이 높은 여성이 거만하고 차가울 거라는 흔한 고정 관념을 없애기 위해서라도 이 점을 지적할 필요가 있다. 그런 편견만큼 잘못된 생각은 없다. 내가 상담하는 여자들 대부분은 너무도 심하게 냉대를 받아왔기에 자신의 영재성을 활용해서 이득을 볼 생각을 하지 못한다.

## 제2장

> **자신감 부족은 모든 나이의
> 영재 여성에게서 보인다**

**잠재력이 높은 여성이 느끼는 특수한 고통**

　여성의 영재성은 사회로부터 제대로 받아들여지지 못하고 온갖 환상을 퍼뜨린다. 영재 여성은 거만하고, 차갑고, 남자의 기를 죽이는 존재고, 다른 사람들과 일반 여성보다 자신이 더 우월하다고 간주한다는 등의 생각 말이다. 잠재력이 높은 여성을 두려워하거나 조롱하거나 피하는 것은 단지 남성만이 아니다. 많은 여성이 영재 여성이 느끼는 고통을 응석받이의 단순한 변덕으로 간주하며 인정하지 않는다. 많은 여성이 보기에 영재 여성이 감히 불평할 이유가 무어란 말인가? 남들보다 더 많이 가져서? 잠재력이 높은 여성이 느끼는 고통을 이제 막 알게 된 어느 인터넷 이용자 여성이 한 아래와 같은 솔직한 증언은 널리 퍼져 있는 그러한 느낌을 잘 요약한다.

　"사람들이 모든 여성, 특히 매일 엄마와 노동자, 연인이라는 세 가지 직업… 또 거기에 더해 가정부 노릇까지 수행하는 여성들에 대해서도 말했으면 좋겠네요. 요리사에 각종 잡일을 도맡아 하는,

한마디로 온갖 일을 도맡아 하는 여자들 말예요. 그러고도 최저 임금만 받을 뿐이죠. 거기에 살면서 받는 온갖 스트레스까지…. 그래요, 나는 그런 멋진 여자들 이야기를 더 많이 했으면 좋겠어요. 페미니즘은 현대화해야 해요. 평등만 부르짖는 것은 더는 맞지 않아요. 그보다는 상호 보완, 공평함을 말하자고요. 그리고 아이들에게 여성에 대한 존중을 가르쳐야죠."

# 고통을 드러낼 권리

:

## 침묵할 뿐 보통 사람보다
## 훨씬 고통을 강하게 느낀다

내가 진료실에서 상담하는 여성 대부분은 더 이상 감히 입도 못 열고, 다른 사람들이 자기보다 더 고통 받고 있으며, 집도 없고 나라도 없으며 병원에서 죽어가는 모든 사람이 보기에 자신은 불평할 권리가 없다는 말을 스스로 하게 될까 두려워서 침묵을 지킨다. 다른 곳에서는, 전쟁 중인 나라에서는 항상 더한 고통이 있는 법이지만, 그런 일을 상기한다고 해서 고통이 줄어드는 것은 결코 아니다.

영재 여성이 모두 고통을 받는 것은 아니지만, 그들 중 많은 이가 일상을 살아가면서 여러 어려움에 부딪친다는 사실을 인정한다.

어느 인터넷 이용자 여성은 영재 여성의 고통을 다른 사람들과 더불어 말할지 아닐지에 관하여 다음과 같은 글을 썼다.

"나는 그 주제에 관하여 말을 한다고 해서 사람들이 문을 닫아버린다고는 생각하지 않아요. 요즘은 언론에서 많은 정보를 다루고 모든 사람에게 말할 기회를 주는 것처럼 보이죠. 하지만 가끔 나는 '나는 영재고 그래서 고통받는다(또는 그래서 고통 받았다)'라고 말하면 '어라, 저 여자가 불평까지 하네! 고통은 나도 받는다고!' 이런 반응을 불러일으키는 것 같은 느낌을 받아요. 누가 더 고통받는지 시합을 하자는 게 아니라, 그 주제에 대해서 말하는 게 중요해요. 왜냐하면 부모들은 매일 자기 자녀가 영재라는 사실을 새로 알게 되는데 그 상황에서 어떻게 해야 할지 모르고, 아이도 어떻게 살아가야 할지 모르기 때문이죠. 그 아이는 계속 고통받고 그 고통은 절대 끝나지 않지요. 내가 보기에 영재의 고통에 대해 말하는 일은 예방 목적을 띤 하나의 정보예요."

잠재력이 높은 영재 여성은 모든 영재가 느끼는 고통을 느끼되, 이를 더 강렬하게 느낀다. 그들이 세상과 주변 사람들, 타인의 시선과 맺는 관계는 남성적인 세계가 가하는 저항 때문에 더 복잡해진다. 그 여성들은 규범적인 사회에서 영재성 때문에 맞닥뜨리는 어려움을 겪어내야 할 뿐 아니라, 매우 남성 중심적인 세상에서 여자에게 계속 가해지는 모든 사회적인 어려움도 견뎌야 한다. 서구 사회에서 여성 해방이 얼마나 힘겹고 길고 어려운 과정이었는지는 역사를 슬쩍 살펴보기만 해도 알 수 있다. 올랭프 드 구주Olympe de Gouges(1748~1793. 프랑스의 계몽가, 극작가—옮긴이)가 겪어야 한 운명을 떠올리지 않을 수 없다. 그녀는 단지 여성의 특수한 경험을 인정해야 한다고 주장하며 여성이 사회생활에 참여하도록 요구했을 뿐이다. 그녀는 단두대에서 처형되었다. 제2차 세계 대전이 끝난 이후에야 그녀의 이름은 공식 역사에서 널리 인정받고, 1980년대에 와서야 그녀의 작품이 프랑스에서 상연된다. 그녀와 동시대를 산 남자들은 그녀와 견해를 얼마간 공유했지만, 그녀가 대표하는 인물상인 남자 같은 '여자 남자(femme-homme)'들이 자기 자리에, 즉 집안에 머물러 있기를 원했다. 그래서 1792년 파리 코뮌의 의장(그 역시 나중에 목이 잘려 처형된다)은 1793년에 공화주의자들에게 이렇게 말한다.

"당신은 자연이 당신 몫으로 정해 놓은 존재일 때 진정으로 흥미롭고 존중받을 만할 테다. 우리는 여자들이 존중받기를 원하고, 그 때문에 우리는 여자들이 자기 자신을 존중하도록 강요한다."

영재 여성은 오랫동안 성차별주의 때문에 고통받았다. 남자들은 영재 여성이 사회와 정치, 한마디로 공적인 영역에 참여할 권리를 거부했고, 그에 대한 이유로 〈리골레토〉에서 만토바 공작이 노래하듯 여자는 변덕스러우며 가끔은 호르몬의 영향을 받아서 비이성적이라는 점을 내세웠다…. 레타 홀링워스는 영재에 관한 연구와 병행하여 1930년대에 그 유명한 월경 전 증후군에 관심을 가졌다[1]. 그녀가 제시한 자료에 따르면 3개월 동안 연구된 23명의 여성에게서 정신적이거나 신체운동적인 결함은 전혀 보이지 않았다. 월경으로 통증을 느끼든 아니든 상관없이 영재 여성은 잠재력이 높은 남성이 견딜 필요가 없던 차별을 감수해야 했다. 이를 다음 인터넷 이용자 여성은 이렇게 적는다.

"영재는 모두 비슷한 이유로 얼마간 고통받지요. 하지만 수 세기에 걸친 성차별주의의 여러 영향이 아직 남아 있어서 똑똑한 여자들은 비슷한 장점을 지닌 남자들보다 사회에서 인정받기가 더 힘들어요. 게다가 어떤 여자 영재가 외모까지 출중하면, 지배당할 것을 두려워하는 남자들에게 두려움 섞인 반응을 불러일으킬 위험이 크죠. 그리고 자기보다 덜 똑똑하고/똑똑하거나 덜 예쁜 여자들한테 심한 질투심을 불러일으킬 수 있죠."

영재성이 여성에게 야기하는 고통을 분석할 때 이러한 점들을 지적하는 일은, 영재 여성이 지금까지도 (언제나처럼 남자들보다 더 많이) 계속해서 견뎌야 하는 고정 관념과 환상을 몰아내기 위해서도 필요하다. 여성이 고등교육을 받고 고위직을 맡는 상황이라도 심층적인 수준에서 사고방식이 거의 진보하지 않은 사회에서는 근거 없는 풍설과 진부한 생각들이 끈질기게 살아남는다.

남녀 불평등에 대하여 최근의 인식으로 상황은 확실히 바뀌기 시작했다. 정치적으로는 입법자들이 정한 남녀 균등제가 얼마간 효력을 발휘했으나, 프랑스에서 10개월 넘게 재직하는 여성 대통령이나 총리가 나오려면 앞날을 기대해야 할 상황이다. 경제적으로는 해야 할 일이 아직도 많다.

# 사기꾼 증후군

:

## 자신의 능력과 성취를
## 의심하거나 과소평가하는 경향

잠재력이 높은 여성들은 검사 결과를 알고 나서 대체로 두려움을 느낀다. 자신의 영재성 때문에 눈부신 방식으로, 남자처럼 성공해야 하며 더 이상 선택의 여지가 전혀 없다는 듯 말이다. 게다가 잠재력이 높은 많은 여성은 매우 강한 실패감을 느끼기 때문에 괴로워한다―그리고 상담을 받게 된다. '영재'라고 진단받은 이후로 그 여성들은 사회에서 눈부시다고 간주할 만한 일을 아무것도 이루지 못했다. 그래서 그들은 자기가 남들을 속였다는 강한 느낌을 받고, 정체가 탄로 날 거라는 생각에 전율한다. 사람들이 자기 나름대로 생각하는 화려한 성공의 정의를 자신에게 멋대로 적용한 사람들을 실망시킬까 봐 두려워하는 것이다. 그에 대한 증거로 어떤 남자가 보인 반응을 들고자 한다. 그는 호기심, 배우고자 하는 열망, 메타 인지 능력부터 뛰어난 기억력과 다양한 관심사까지 영재의 모든 특성을 열거한 다음에 뒤통수를 한 대 치듯 다음과 같이 결론을 내렸다. "만일 그 모든 능력을 지니고도 그 여자들이 무르익고 행복한 삶을 살아갈 가능성이 없다면 '영재성', '재능', '지능'이란 단어들이 뜻하는 특질을 바꾸어야겠네요!"

사기꾼 증후군이란 무엇인가? 이는 자신의 능력과 자신이 이루어낸 일들을 의심하거나 과소평가하는 경향이다. 이러한 경향은 아주 어렸을 때, 학습기부터 나타난다. 이러한 낮은 자존감은 일단, 영재 아동이 자신이 남들과 다르다는 사실을 깨닫지 못하기 때문에 생긴다. 그 아동들은 그런 다름을 일상에서 매일 체험한다. "나는 유치원 때부터 내가 다르다고 느꼈고, 이해 받지 못하는 상황에 처했어요." 하지만 어떻게든 적응해야 한다. 영재 여자 아동은 이미 말했듯이 부모와 교사의 마음에 들려고 더 많이 노력한다. 그들은 자신이 배우려고 학교에 왔다는 사실을 안다. 그러니 선생님이 자신에게 던지는 '문제' 혹은 질문에 대한 답을 자기가 뻔히 알고 있을 리가 없다. 그들은 자기가 질문에 너무 쉽게 답하면, 그 답이 올바르지 않거나 가치가 없다고 본다. 과제를 쉽게 수행하는 능력 때문에 그 여자 아동들은 자신의 가치를 스스로 낮게 평가할 수 있다. 그들 생각에는 좋은 점수를 받으려면 애쓰고 노력을 들여야 하기 때문이다. 어느 젊은 여성은 나중에 이렇게 설명한다. "문제는 사람들이 우리더러 보통 사람들에게 맞추라고 요구한다는 것이죠."

영재 아동을 위해 만들어지지 않은 교육 체계 안에서는 그 아동들에게 어떤 특정한 추론 방식과 '방법론'을 따르라고 요구하므로, 영재 아동이 적응하지 못한다고 느낄 수밖에 없으며, 적응하려고 노력하는 과정에서 자신이 어리석거나 무슨 병에 걸렸다고 결론을 내릴 수 있다. "나는 어렸을 때 내가 다르다고 느꼈고, 거기에 무슨 심각한 이유가 감추어져 있을까봐 두려웠어요." 가끔 영재 여성은 거부 반응을 발달시키고, 그러한 반응은 지속된다. "나는 알거나 모르거나 둘 중 하나예요. 나는 도무지 배우는 법을 모르죠." 잘해야 자신이 독학으로 배웠다고 판단한다. 하지만 대부분의 경우에 영재 여자 아동은 자기 자신에 대하여 엄청나게 노력을 들임으로써 적응하고, 남들의 주의를 끌지 않고 지낸다. "어렸을 때 나는 언제나 혼자 스스로 일을 잘 처리하는 편이었고, 그래서 사람들은 내가 도움을 필요로 한다는 사실을 깨닫지 못했죠."

자신감 부족은 모든 나이의 영재 여성에게서 보인다. 폴린 로즈 클랜스Pauline Rose Clance와 수잰 A. 아임스Suzanne A. Imes는 눈부신 경력을 쌓은 여성들이 자신의 능력에 의구심을 갖는 경향이 있다는 사실에 주목했고, 그 현상을 1978년에 연구했다[2]. 연구 대상인 150명의 여성들은 거의 모두가 자신이 지닌 장점을 의심하며, 그러한 장점이 자신이 거둔 성공의 원인일 수 있다는 사실을 인정하지 않았다. 그들은 자신의 성공이 운이나 정황(행정적인 실수), 자신이 맺는 인간관계, 다른 사람들도 충분히 들일 수 있었을 집요한 노력 같은 외부 요인 덕분이라고 생각했다. 그 여자들은 자기 자신을 '사기꾼(imposter)'이라고 묘사하고 자신이 세상을 속였다고 믿었으며, 바로 여기에서 이 증후군의 이름이 생겼다. 그 결과, 그 여성들은 언젠가 자신의 정체가 탄로 날 거라는 두려움을 지닌 채 살았다.

그러한 두려움을 지닌 영재 여성은 경쟁해야 하는 상황을 피하고, 따라서 자신의 잠재력을 충분히 실현하기를 스스로 금지한다. 그들은 '영재'라는 이름표를 짐으로 여기며 그 사실을 숨기려 한다. 이러한 반응은 아주 어렸을 때부터 보인다. 이러한 특성이 어째서 영재 여성에게 강하게 나타나는 것일까? 두 여성 심리학자 클랜스와 아임스는 이 문제를 연구했고, 남성 환자들을 연구한 결과, 남자들에게도 그런 현상이 보이지만 그 빈도가 더 낮았고 강도도 더 낮다는 결론을 내렸다. 그러면서 다음과 같은 사항도 덧붙였다. "자신의 '여성적인' 특질에 더 민감한 것처럼 보이는 남성에게서 그러한 현상이 보였다. 이 임상 관찰 내용은 더 깊이 연구되어야 한다[3]."

폴린 로즈 클랜스와 수잰 A. 아임스는 자신들이 쓴 글에서 양성에 대한 사회적인 역할과 기대가 남자와 여자가 자신감을 갖는 데 서로 다르게 영향을 미친다고 설명한다. 그들은 동시대에 이루어진 여러 다른 연구를 근거로 들어 설명하는데 이를 요약하면, 여자와 남자는 자기 자신에 대하여 똑같은 수준의 야망을 지니지 않는다. 수행해야 할 과제에 직면하여 여자 아동은 자기 자신에 대하여 거는 기대 수준이 남자 아동보다 낮다. 여아와 남아가 과제 수행 결과에 대하여 보이는 반응은 똑같다. 즉 결과가 기대에 부합하면, 그 이유는 '안정적인' 원인, 즉 자신의 장점 때문이라고 해석한다. 여자 아동은 남자 아동과 같은 수준으로 과제를 수행하는 데 성공했지만, 그 결과에 통계적으로 더 많이 놀라면서 자신이 성공한 이유가 외부 원인 때문이라고 보는 경향이 있다. 이 때문에 여자 아동은 몇 가지 걱정스러운 반응을 보인다. 남자 아동은 자신의 경험에서 자신감을 얻어서 자신의 가치를 더욱 확신하게 된다. 그래서 실패하면 자신이 제대로 준비하지 않았기 때문이라고 여기거나, 주어진 과제가 애초에 잘못되어 있었다고 생각한다. 반면에 여자 아동은 자신이 실패한 것을 자신이 무능력하다는 증거라고 해석한다. 내가 상담하는 젊은 여성 환자 중 한 명은 직접 사무실을 차려 운영하는 훌륭한 세무사인데, 심리 코치의 조언을 받아 지능 지수 검사를 받게 되었다. 그 결과는 그녀가 보기에 실망스러웠다. 그녀는 울면서 나에게 그 사실을 알렸고, 상담을 받는 내내 자신이 똑똑할 수 있다고 믿는 오만함을 보였다는 죄책감에서 벗어나지 못한다. 남자였다면 검사 결과가 유효한지 의문을 제기하거나 자신이 쌓은 경력을 돌이키며 자신감을 회복했을 것이다. 단순한 검사 하나로 이제껏 이루어낸 모든 것이 뒤흔들리지는 않았을 것이다.

이러한 현상은 여러 상황과 서로 다른 수준에서 반복되어 나타난다. 1997년에 크리스틴 벤네라스Christine Wenneras와 앙네스 볼드Agnes Wold가 실시한 연구[4]에 따르면, 학계에서 여성은 남성 후보보다 2배~5배 더 많은 연구물을 쓰거나 출간해야 같은 장학금을 받을 기회를 얻을 수 있었다. 따라서 여자는 자기 능력을 증명해 보이기 위해서 남자보다 두 배 더 많이 일해야 하고, 여성에게 요구되는 능력의 수준은 더 높다.

이러한 차별은 다른 곳과 마찬가지로 틀에 박힌 생각이 우세한 교육 모델에 뿌리 깊이 박혀 있다. 여자 아동에게는 기대를 덜 하므로, 그 가치는 남자 아동과 비교하여, 또 절대적으로도 낮게 평가된다. 여자 아동은 그러한 대우 차이를 잘 동화시켜 받아들이기 때문에 만 6세부터 이미 자신이 남자 아동보다 덜 똑똑하다고 생각하고, 매우 이른 시기부터 높은 지능을 여자보다는 남자와 연결시킨다. 그러므로 여자 영재에게 사기꾼 증후군을 발달시키는 요인 몇 가지가 무엇인지 알아둘 필요가 있다. 밸러리 영Valerie Young은 그 요인을 일곱 가지 든다[5]. 가족의 기대와 가족이 아동에게 전하는 메시지, 대학 생활과 동료 및 교수들의 반응, 자기 자신의 가치를 의심하는 문화에 속해 사는 것, 혼자 일하는 것, 창조적인 분야에서 일하는 것, 자신을 낯선 존재라고 느끼는 것, 자신이 속한 사회적 집단을 대표하는 것.

폴린 로즈 클랜스와 수잰 A. 아임스의 연구는 이 요인들 중 첫째 요인인 어린 시절부터 받는 가족의 기대가 미치는 영향을 강조한다. 연구 대상인 잠재력이 높은 많은 여성에게 남자 형제가 있었고, 그들은 자신의 잠재력이 남자 형제의 잠재력과 비교해 항상 낮게 평가되었다고 전했다. 그 결과, 그 여성들은 학교를 부모에게 자기 능력을 증명해 보이는 수단으로 여기는 경향이 있었다. 그런데 자신이 받은 학교 성적이 남자 형제의 성적보다 덜 중요하게 여겨졌으므로, 그 여자 아동들은 자신이 지닌 가치를 의심하기 시작하면서 부모가 자신을 소홀히 여길 만한 이유가 있다고 생각했다. 그 여자 아동들은 부모에게 자신을 증명해 보이려고 계속 열심히 공부했지만, 의식적인 수준에서는 교사의 친절함이나 자신이 발산하는 매력, 자기가 여자라서 자동적으로 지닌다고 간주되는 어떤 재능, 가령 관계를 쉽게 맺는 능력 따위를 자신이 거두는 성공의 이유로 들기 시작했다.

## 사기꾼 증후군에 맞서기

그렇다면 무엇을 해야 할까? 부모에게 일정 부분 책임이 있음은 분명하다. 자녀들을 공평하게 대하도록 주의해야 하고, 남자 아동과 여자 아동에게 동등한 기대를 거는 일이 매우 중요하다. 어느 분야에서 눈부신 성공을 거두는 잠재력 높은 여자들이 대부분 외동딸이라는 사실은 전혀 놀랍지 않다.

자존감은 나이가 들면서 낮아지는 경향이 있으므로, 잠재력이 높은 여성은 자신을 스스로 파괴하는 생각에서 벗어나야 한다. 세상이 이미 잠재력 높은 여성에게 불리하게 작용하는 상황이므로, 자신의 가치를 스스로 낮게 평가하는 일은 반드시 멈추어야 한다. 첫 번째 단계는 진단을 받는 일일 수 있다. 이에 대한 증거로 자신의 지능 지수가 높다는 사실을 발견했을 때 나의 여자 환자 중 한 명이 보인 반응을 들 수 있다: "검사 결과를 보고서 확고하던 질서가, 여자에 대하여 남자가 차지하는 위치가 완전히 흔들렸죠!" 하지만 사기꾼 증후군이 심하게 뿌리 박혀 있는 경우라면, 이를 다루기가 힘들 수 있다. 임상 심리학자가 제일 먼저 부딪치는 문제는, 영재 여성이 의식적인 수준에서 자기 자신을 스스로 깎아내리고 있음을 부정한다는 것이다. 더욱이, 영재 여성은 자신이 사기꾼이라고 느낀다는 사실, 자기 직장이나 학교의 동료들을 속이고 있다는 확고한 신념을 고백하는 일에 공포에 가까운 두려움을 느낀다. 그러면 사람들이 자신을 위선자로 간주할 거라고 생각하기 때문이다. 가장 먼저 해야 할 일은 잠재력이 높은 여성이 자신이 사기꾼 증후군을 지녔음을 인정하도록 만드는 일이다. 미국에서는 집단 치료가 좋은 효과를 보였다. 어떤 똑똑한 여성이 훌륭한 경력을 쌓아 왔음에도 불구하고 자기 자신을 깎아내리는 말을 듣는 것은 전기 충격 같은 효과를 발휘한다. 개별 치료에서는 몇몇 기법이 그러한 인식을 하게 만드는 데 도움이 될 수 있다. 내담자에게 자신의 상급자나 교사, 또는 자신이 속였다고 생각하는 모든 사람과 상호작용하는 상황을 상상해 보라고 요구하는 것은 좋은 훈련이다. 잠재력이 높은 여성은 그 사람들에게 자신이 그들을 어떻게 속였는지 말해야 하고, 그들의 반응을 상상해 보아야 한다. 사기꾼 증후군을 겪는 사람이 '마치' 자기가 자신의 능력을 믿는 것처럼 행동하도록 간단한 훈련들을 일상생활에서 해보도록 시킬 수도 있다. 어떤 이는 자기가 거만한 행동을 연기해야 한다고 생각해서 일단 주저할 것이다. 하지만 심리학자와 아주 간단한 훈련을 해 봄으로써 안

심하고 자신감을 얻을 수 있다. 거짓으로 꾸며 가장하는 일은 보통 사람보다 영재 여성에게 더 어렵다. 영재 여성은 자신이 이미 제대로 적응하지 못한다고 느끼고 있으며, 다른 사람들의 반응을 두려워하면서 가령 타인이 지닌 자부심에 상처를 줄까 염려하기 때문이다. 하지만 자신감을 쌓아가는 일은 반드시 자기 행동을 변화시킴으로써 이루어진다. 중요한 것은 자신의 능력과 조화를 이루어 행동하기 시작하는 것이다.

### 다시금 위험을 감수하기

자신감은 위험을 얼마간 감수함으로써 얻은 승리를 자기 것으로 만들고, 실패를 딛고 다시 시작하는 법을 배우면서 다져진다. 사기꾼 증후군을 겪는 어떤 여자들은 자신의 능력을 증명해 보이려는 강한 욕구를 느낀다. 그들의 마음속에는, 영재로 진단을 받은 경우라면 더더욱 자신이 상당한 가치가 있다는 생각이 깊이 깔려 있다. 클랜스와 아임스가 연구한 뛰어난 여성들은 남자 형제와 비교를 당하면서도 학교에서 좋은 성적을 거두어야만 했다.

일반적으로 여자는 남자보다 위험을 덜 감행한다. 그 이유는 복합적이지만, (이번에도 여전히) 여성에게 자신감이 부족하다는 사실과 교육상의 차이, 걸려 있는 혜택에 대한 동기 부여와 연관된다. 야심이 있으면 위험을 감수하게 되고, 돈을 벌고자 하는 욕구가 있어도 그렇다. 여자가 남자에 비하여 위험을 덜 감수한다는 이러한 일반화는 그 맥락 안에서 살펴보면 상대화할 수 있다. 연구에 따르면, 여자들은 일상에서 여러 재정적·감정적 위험을 감수하기 때문이다. 하지만 이러한 위험은 사회나 당사자에 의하여 제대로 인정받지 못한다.

위험을 감수하는 능력이 자기를 실현하는 데에 있어서 핵심적이라는 사실을 인식해야 한다. 자기 꿈을 실현했거나 높은 직위에 도달한 잠재력이 높은 여성들은 모두 교육을 받는 과정의 어느 시기에 위험을 감수하고 실패를 학습의 자원으로 삼는 법을 배웠다. 또 모험에 나서는 것은 영재의 한 성격 특성이기도 하다. 그들이 무모한 게 아니라, 나아가야 할 길을 빠르게 파악하고 (자기 삶이나 주변 사람들의 삶을 위하여) 감수해야 하는 실제 위험을 가늠하기 때문이다. 자신감을 획득한 영재 여성은 새로운 직업적인 책무를 맡는데 주저하지 않으며, 자신이 빨리 학습하는 능력에 의존한다. 그들은 심지어 미래의 고용주와 면담하는 자리에서 자신이 80퍼센트는 준비되어 있으며 나머지 능력은 6개월에서 9개월 사이에 습득할 거라고 당당히 주장하기도 한다. 영재 여자 아동은 아쉽게도 위험을 감수하는 법을 배우지 못했고 부모의 엄청난 기대에 응해야 한다고 느껴서, 부모를 실망시키지 않으려고 자신의 실제 능력보다 훨씬 낮은 능력만 발휘한다. 하지만 위험을 감수하는 능력은 언제든지 강화할 수 있다.

## 능력 개념을 다시 정의 내리기

능력이라는 개념은 학습과 자기긍정 개념과 연결된다. 국제 영재 단체인 멘사Mensa가 제안한 회의들에서는 이 주제를 다룬다(온라인으로 열람 가능). 당신이 자신감이 있고 자기 능력을 인정한다면, 정보를 더 쉽게 기억할 것이다. 달리 말하면, 자기 능력을 믿는 것은 실제 능력을 만들어내고, 자신을 평가하는 방식이 학습에 영향을 미친다.

『로베르Le Robert』 프랑스어 사전은 능력(compétence)을 '어떤 분야에서 판단하거나 결정할 권리를 부여하는 인정받은 심화된 지식'이라고 정의한다. 하지만 개인적인 수준에서 모든 사람은 제각기 능력에 대한 자신만의 정의를 내린다. 영재 여성들이 '능력'이라고 부르는 말에는 보통 극단적이고 비현실적인 개념들이 포함되고, 이는 자신이 남들을 속인다는 느낌을 강화한다. 영재 여성이 이렇게 스스로 내린 정의를 다시 검토하지 않는다면, 사기꾼 증후군에서 결코 벗어나지 못할 위험이 있다.

영재 여성은 흑백으로 기능하다 보니(앞서 인용한 어느 여성의 말을 다시 인용하면 "나는 알거나 모르거나 둘 중 하나") 자신이 어느 분야에서 모든 것을 알지 못하면, 곧 하나도 모른다고 생각하기도 한다. 어떤 과업이나 임무를 완벽하게 수행해내지 못하면, 자신에게 결함이 있다는 것이다. 완벽주의가 사기꾼 증후군을 더 심하게 만든다. 어느 인터넷 이용자 여성은 이 점을 다음과 같이 설명한다. "나 자신을 고문하는 일을 멈춰야 해요. 나는 자신을 스스로 파괴하고 있죠. 나는 많이 비판하고, 그런 내 생각을 나 자신에게 설득시키죠.", "나는 내가 생각하는 것만큼 무능력하지 않아."라고 생각하는 것이 아니라 정반대로 "나는 똑똑하고 능력 있어."라고 생각해야 한다. 이러한 자기 확신(autoconviction) 원칙은 북미에서 자주 실천된다. 미국의 대학에서 누가 "그것은 어렵다."라고 말하면 교수는 그 말을 "그것은 도전해 볼 만하다."(영어로 challenging)라고 바꾸어 말한다. 미국에서 "그 일을 진짜로 하게 될 때까지 그런 척 가장하라(Fake it till you make it)."는 삶의 한 방식이다. 그러한 방식을 비웃거나 거기에 허점이 있다고 생각할 수도 있다. 특히 프랑스 사람들은 그러한 거만함을 우스꽝스럽다고 생각한다―정치인들이 경고하듯 프랑스는 위험을 감수하는 데 유리한 환경이 아니라는 점은 주지할 사항이다. 그럼에도 불구하고 프랑스의 영재 여성들은 자랑스럽게 기꺼이 자신의 영재성을 내보인다. 사기꾼 증후군을 겪는 여성들에게 이러한 방법은 효과가 있다.

끝으로, 최선을 다한다고 기적이 이뤄지는 것은 아니다. 사기꾼 증후군을 겪는 여성들은, 재능이 더없이 뛰어난 여성이라도 그 능력을 항상 최고로 발휘하는 것은 아니라는 사실을 인식해야 한다.

조언

"나는 잠재력이 커서 고통스러워…."라고 유명한 만화 『피너츠 Peanuts』의 등장인물 라이너스는 대꾸한다. 당신도 마찬가지다! 당신은 이제 자신이 혼자가 아니며, 무능력하다는 느낌, 남을 속인다는 느낌을 잠재력이 높은 많은 여성을 비롯하여 사고 능력이 있는 많은 사람이 공유한다는 사실을 안다. 그러므로 자신의 정체가 탄로 날 것이 두려워서 감히 도전하는 일을 두려워하는 대신에, 도전할 기회를 찾아 나서기를 바란다.

당신은 자신이 사실은 무능력하다는 사실을 발견하게 될까 두려워할지 모르지만, 당신은 마음속 깊숙이 자신이 똑똑하다는 사실을, 충분히 똑똑하다는 사실을 알고 있다. 불행히도 당신이 자신을 실현하기 위해서 한 걸음씩 나아갈 때마다 저항이 하나씩 등장해 길을 가로막고, 작은 목소리가 당신에게 "대체 네가 뭐가 잘났다고?"라고 말한다. 당신이 다른 사람들을 생각하고 다른 사람들을 먼저 걱정하는 경향이 있다면, 당신의 야심—과감히 이런 말을 쓰라!—이 다른 사람들에게 (한 사람, 한 집단, 더 나아가 한 국가 수준에서) 어떻게 유익할 수 있을지 생각해 보라. 당신이 세계를 기아에서 벗어나게 하거나 세계 평화를 정착시킬 필요는 전혀 없다. 미래의 여성 세대를 돕고, 어떤 계획을 추진하거나 승진의 기회가 생기면 당당히 나서서 손을 번쩍 들면 된다⋯.

당신이 어떤 특정한 방식으로 느끼거나 생각하거나 행동할 권리가 없다는 생각을 극복하기 위해서, 당신이 스스로 감히 용납하지 못한 권리들을 헤아려 보는 일을 잊지 말라. 당신에게 사기꾼 증후군을 만들어낼 가능성이 큰 상황들을 알아내는 일도 잊지 말라. 당신은 어떤 상황에서 어떤 권리를 스스로 거부하는가?

완벽해지기를 기다리다가 결국 실패하는 상황으로 자신을 몰아넣지 말라.

끝으로, 스스로 되고 싶은 존재가 되려는 노력을 소홀히 하지 말고, 만일 자기 자신에게만 상관되는 일에 대하여 다른 사람에게 조언을 구하는 나쁜 습관이 있다면, 이제 그런 일로 타인에게 조언을 구하는 일은 멈추라.

사기꾼 증후군에서 벗어나려면 시간이 걸린다. 그렇다고 행동에 나서기에 앞서 완벽하게 그 증후군에서 벗어났다고 확신하기를 기다리지 말라. 생각과 행동을 먼저 바꿔라. 그러면 감정도 따라갈 것이다. 사기꾼 증후군은 결코 100퍼센트 사라지지 않지만, 매우 약해질 수 있다.

# 거식증

:

## 나무랄 데 없는 모습 때문에
## 남들에게 받아들여진다고 생각할 때

"나는 중학교 때 괴롭힘을 당했어요. 처음에는 그 문제를 말했는데, 나중에는 섭식 장애를 겪었죠." 영재 여성 대다수가 거식증에 걸린다고, 아니 그보다는 거식증 환자 대부분이 영재 여성이라고 단언하는 것은 성급한 판단일 테다. 내가 거식증을 다루는 이유는 영재 여성들과 섭식 장애를 겪는 사람들이 여러 특징을 공유하며, 그 병에 걸린 여성 환자가 그녀를 돌보는 사람들을 포함하여 주변 사람들에게 제대로 이해받지 못했거나 인정받지 못한 높은 잠재력을 지닌 경우라면 치료하기 무척 힘들 수 있기 때문이다. 영재성과 섭식 장애 사이의 관계를 다룬 진지한 연구는 거의 없다. 하지만 많은 영재 여성이 거식증과 폭식증의 징후를 보인다는 사실은 확실하다.

 "신경성 식욕 부진증은 주로 여성이 보이는 식사 행동 장애로서, 몇 달 동안, 심지어 몇 년 동안 자발적인 방식으로 극도로 음식을 섭취하지 않게 만든다. 이 질병은 자주 정신 질환과 연관된다."라고 프랑스 국립보건의학연구소(인세름Inserm)는 정의 내린다. 거식증은 여러 다른 요인 때문에 생길 수 있는데, 주로 유전적 또는 화학적 요인(뇌의 세로토닌 분비 체계의 장애)이 작용한다. 인세름의 웹사이트에서는 "선행 요인, 촉발 요인, 지속 요인들이 존재한다."라고 명시한다. 이 질병에 취약한 요인 중에는 가족적 요인과 사회문화적 요인이 있다. 가족 또는 가까운 사람들과의 관계에서 겪는 위기는 섭식 장애가 쉽게 생기게 만든다.

 거식증은 주로 여자 청소년이 걸리지만, 특히 영재 아동의 경우에는 그 이전 또는 성인기에 생길 수 있다. 여성 아동청소년은 단순하게 다이어트로 시작했다가, 점점 더 음식과 그 질을 까다롭게 따진다. 영재 여성은 다른 일―특히 학교생활―에 방해를 받지 않으면서 음식물의 영양에 관하여 정보를 얻고 많은 글을 읽고 그 정보들을 기억할 능력이 있으므로, 부모나 주위 사람들이 그런 강박적인 탐색 활동을 눈치 채지 못한다. 다이어트를 하느라 먹는 음식을 점점 더 심하게 제한하고, 몸무게는 눈에 띄게 줄며, 남의 눈에 띄지 않게 구토를 하거나 약한 설사제를 사용하고, 무월경이 시작된다. 이러한 증상들은 우울증이나 불안, 강박 장애, 마약이나 알코올, 자해 문제 같은 정신적인 문제와 동시에 나타날 수 있다. 이러한 증상은 그 젊은 여성들이 자신의 심리적인 어려움에 맞서서 얼마나 치열하게 싸우는지 나타낸다.

## 영재성과 거식증이 어떻게 뒤얽히나

현재 사회에서는 여자 아동청소년이 예쁘고 '인기 있고' 남자 친구가 있어야 한다는 점점 더 심한 압박을 받는다. 사춘기 직전의 여자 아동은 잡지나 SNS, 일부 드라마에서 매우 섹시하게 그려진다. 흔히 알려져 있듯 여자 아동에게서 성적 성숙은 예전보다 더 일찍 생긴다. 바버라 커와 로빈 맥케이Robyn McKay에 따르면[6] 이는 성적인 활동을 더 일찍 시작하고, 우울해지고, 낮은 성적을 받고, 사회적인 어려움을 겪을 가능성이 더 큼을 뜻한다. 영재 여자 아동청소년은 어른처럼 표현하는 능력을 지녔고 신체가 성숙해서 실제보다 더 나이 들어 보이기 때문에 위험은 더 크다. 옷차림 때문에 성숙하게 보이는 외모와 아직 미숙한 정서적 능력 사이의 간극이 더 커질 수 있다. 여러 부문의 성장이 불균형하게 일어나는 비동시성은 영재 아동의 중요한 특징이라는 사실은 잘 알려져 있다(어떤 부문에서는 조숙하고, 다른 부문에서는 미성숙하다). 사춘기를 거치는 영재 여자 아동은 지적·신체적으로는 성숙할 수 있지만, 정서적으로는 아직 어린아이다.

영재 여성 아동청소년은 다른 모든 여성과 마찬가지로 섭식 장애를 겪을 수 있다. 하지만 아직 영재성이 진단되지 않았을 때 그 아동청소년은 그들이 지닌 차이 때문에 각별히 더 취약해진다. 영재성이 거식증을 일으키는 요인은 아니지만, 여자 아동청소년이 거식증을 일으킬 위험요인을 지니면, 영재성의 특성들 때문에 거식증 진단이 어려워지고, 그 특성들이 서로 더하고 겹쳐지면서 거식증의 증세를 증폭시킬 수 있다. 영재가 그렇듯 거식증 환자는 극도로 예민하고 감정적이며, 생각을 지나치게 많이 하고 완벽주의자일 수 있다. 거식증에 걸릴 위험이 있는 여자 영재의 경우, 강렬함과 초민감성, 완벽주의가 음식에 대한 강박적인 생각으로 집중되어 비현실적인 몸무게에 도달하게 부추길 수 있다. 그러한 강박증에 빠진 여성은 식사 제한과 몸무게 감소에 모든 에너지를 집중하고, 그로써 어떤 위안을 얻거나 기분전환을 한다고 느낀다. 섭식장애 문제는 몸무게를 감소하는 어떤 하나의 방식을 넘어선다. 이는 분명한 규칙이 주어지고 정서적인 불확실성이 덜한 더 단순한 세상에 도달할 수 있다는 전망이다. 다른 사람들은 상황을 그런 방식으로 인식하지 않기 때문에 이러한 태도는 환자를 고립시키고, 불안하고 고독하고 우울하게 만들 수 있다.

그 때문에 훌륭한 업무 능력을 은폐하므로 취업 면접에서 단점이라고 간주되는 완벽주의는 영재 여성과 거식증 환자에게 그야말로 악몽이 될 수 있다. 완벽주의는 자유롭고 행복하게 살려고 들이는 노력을 마비시킬 수 있다. 거식증이 나타나기 전에 여자 청소년은 대체로 이상적인 학생이나 딸, 친구로 묘사된다. 하지만 섭식 장애는 그 청소년이 마음속으로 느끼는 불편함과 내면세계에서 겪는 어떤 혼돈을 드러낸다. 그 여자 청소년은 자신이 삶의 모든 측면에서 나무랄 데 없는 모습을 보이기 때문에 남들에게 받아들여진다고 생각하는 경향이 있다. 영재 여자 청소년은 완벽주의 때문에 몸매에 있어서도 완벽해지려고 이상적인 날씬함을 갖추기를 원할 수 있다. 그러면 그의 모든 심리적·육체적 에너지는 그 목적, 즉 계속해서 더 날씬한 몸을 가지려는 목적을 위해 사용된다. 과거에 성공하는 데 도움을 준 강렬함은 이제 몸무게와 외모에 대한 강박 관념을 발달시키는 데 활용된다. "다이어트를 한다", "건강하게 먹는다"라는 말은 전혀 해롭지 않은 것처럼 보인다. 하지만 거기에 날씬함, 완벽함에 집중하는 문화적·가족적 영향이 더해지고, 다이어트를 하는 것이 그 목표를 달성하는 하나의 방식일 때, 자연스럽게 섭식장애가 생기기 쉬운 환경이 조성된다. 영재 아동은 남들보다 훨씬 더 뛰어나고 유능해야 한다는 압박을 강하게 느낄 수 있고, 심지어 자신의 능력(반에서 일등)에 기초하여 자기 정체성을 구축하기도 한다. 아동이 거식증에 걸릴 위험 요인을 지니고 있을 때, 실패에 대한 두려움이 거식증을 유발할 수 있다.

그러한 영재 여자 아동이나 청소년의 부모는 자녀가 오로지 외모와 재능으로만 결정되는 정체성을 구축하지 않고 윤리적 가치에 신경 쓰도록 도움을 주며, 자녀에게 부드러운 정서적인 가치들(우정의 의미, 너그러움, 타인을 향한 열정 등)을 전수하는 일이 중요하다. 또 영재 여자 아동청소년의 부모가 자녀의 나이를 염두에 두고 자녀의 지적인 성숙함과 정서적인 성숙 사이에 간극이 있을 수밖에 없으며, 그들이 스스로 지닌 높은 기대 수준과 타인의 기대에 부응하느라 어떤 상황에 정서적으로 지나치게 강렬하게 빠져들 수 있다는 사실을 명심해야 한다. 미국 캘리포니아에서 활동하는 영재성과 섭식 장애 전문가인 조애너 리 하스Joanna Lee Haase는 이 주제에 관하여 영재 연구 및 지원(Gifted Research and Outreach) 단체의 웹사이트에 이렇게 썼다.

"불행히도 사람들은 매우 높은 잠재력을 지닌 아동이 아동답지 않은 행동을 보이기를 기대한다. 그들의 조숙함, 이해 능력은 복잡하고 강렬한 감정을 제어할 수 있는 능력과 자주 혼동된다. 그 아동들은 전혀 그렇게 보이지 않지만 사실은 무너져 내린다고 느끼며, 적어도 일시적으로 식사 행동 장애와 연관될 수 있는 불안을 발달시킨다."

청소년기에 그들은 자신이 느끼는 부적응감이나 간극 때문에 환경에 적응하고 '인기 있는' 사람이 되길 원하고, 그러기 위해서 날씬함이라는 기준에 들어맞기를 원하게 될 수 있다. 하지만 거식증은 일단 정착되고 나면 타인이 자신을 바라보는 시선과는 더 이상 아무런 상관이 없어진다. 여자 영재 자신이 생각하는 이상향이 중요해진다. 그 여자 청소년은 더 이상 자신의 몸을 객관적인 방식으로 인식하지 않는데, 어느 젊은 여성은 이를 무력하게 다음과 같이 인정한다. "나는 2년 전부터 남자친구와 함께 살아요. 그가 나를 많이 도와주죠. 나는 그한테 내가 뚱뚱한지 물어보긴 하지만, 사실 남들이 바라보는 시선은 아무런 소용이 없어요." 사회적 또는 직업적 환경에 통합되는 것도 마찬가지로 더 이상 효과를 발휘하지 못한다. "내 첫 번째 직장은 제약 연구소였고, 그곳에서 멋진 사람들을 만났죠. 하지만 나는 거식증 환자라 무척 약했어요. 결국 너무 말라서 입원해야 했죠."

그러므로 이 질병을 발생시키는 요인들에 관심을 가져야 한다. 영재 여자 아동청소년이 학교에서 괴롭힘을 당했거나 성 학대를 받았다면 거식증에 더 취약할 것이다. 식사를 통제하는 일은 학대를 당한 기억과 완벽하게 무력하다는 느낌을 제어하려는 시도인 경우가 많다. 통합되고자 하는 것이 거식증에 취약하게 만드는 유일한 요인은 아니다. 흥분성도 사실 더 유해한 요인이다. 조애너리 하스는 음식을 지나치게 적게 먹는 것은 힘이 달려 진정시키는 효과를 낳는다고 주장한다. 덜 먹음으로써 '지나치게' 행동하지 않고, 바라보고 느끼는 자신의 방식을 평범하게 만들 수 있다. "나는 나의 느낌에 가만히 귀 기울일 수 없었어요. 죄책감을 만들어내는 감정이 넘쳐흘렀거든요."라고 과거에 거식증에 걸렸던 여성은 말한다. 사람들은 섹슈얼리티와 타인의 시선이 띠는 중요성 때문에 자기 자신에 대한 이미지가 혼란스러워지는 청소년기에 예민함과 강렬한 반응성이 야기하는 공황에 가까운 공포와 절망감을 과소평가하는 경향이 있다.

## 통제하려는 의지

거식증은 음식물이나 몸무게와만 연관되는 것이 아니다. 완벽해지거나 완벽하게 보이고 통제가 불가능한 감정들을 통제하려는 욕망과 연관된다. 통제는 이해해야 할 중요한 개념인데, 특히 다음과 같은 말이 들려올 때 그렇다. "나는 나 자신을 호시탐탐 감시할 필요를 느껴요. 내가 거식증에 걸렸을 때, 부모님이 아무리 울어도 상황은 전혀 바뀌지 않았죠." 자기 자신의 감정과 신체, 가끔은 심지어 주변 사람들을 통제하려 한다. 알렉시아는 어머니가 사망하고 나서 심리적으로 힘들었는데, 그 어머니도 예전에 만성적인 거식증 환자였다. 어머니가 사망하고 몇 년 후인 21세에 알렉시아는 거식증에 걸렸고, 가족, 특히 아버지가 그 때문에 무척 걱정했다. 거식증이 심해지면서, 음식을 먹거나 섭식을 중단하는 일은 그녀에게 남은 유일한 부모인 아버지의 정서적 삶을 통제하는 수단이 되었다. 알렉시아는 아내가 사망한 후 수년이 지나도 상실의 슬픔에서 헤어나지 못하던 아버지의 집에 들어가 함께 살기 시작하면서 아버지를 통제해 외톨이로 만들었다. 알렉시아가 원래 이기주의자라고 생각해서는 안 된다. 거식증이 그녀의 행동에 큰 영향을 미쳤다. 그녀는 병원에서 퇴원해서 치료를 받지 않으려고 병원에서 받는 치료가 형편없다고 거짓말을 했다. 그녀는 자신의 높은 지능을 거식증을 위해 활용해서 자신의 말을 듣는 사람에게 알맞게 바꾸었고 결국 병원 치료에서 벗어날 수 있었다. 이는 그녀에게 뿐 아니라 주변 사람들에게 매우 괴로운 일이었다. 현재 그녀는 입원하고 후속 심리 치료를 받은 덕분에 상태가 더 나아졌다.

주의할 점은, 지능과 조숙함이 거식증의 증상을 예방하거나 해결하는 데 아무런 역할도 하지 않는다는 사실이다. 하지만 섭식 장애를 겪는 영재 여성을 더 잘 도우려면 —질병은 아닌— 영재성이 띠는 특징들을 알아둘 필요가 있다. 그 젊은 여성들이 거식증에 걸리겠다고 스스로 선택하지 않는다는 사실을 이해해야 한다. 그들은 어쩔 수 없다. 거식증은 만성적이 되고 성인기에도 그들을 괴롭힐 수 있는 정신 질환이다. "나는 청소년기에 거식증 치료를 받았지만, 23세인 지금도 계속 어려움을 겪어요. 하루 종일 내 몸무게를 생각하죠. 식사는 저녁에만 하는데, 마치 나 자신의 머리와 싸움을 벌이는 느낌이에요."라고 그들 중 한 명은 말한다. 내가 보기에 가장 중요한 것은, 그 섭식 장애가 영재 여성들에게 어떻게 영향을 미치고, 그들의 영재성이 치료와 치유에 어떻게 작용하는지 이해하는 일이다.

## 어른이 되는 것에 대한 두려움?

섭식 장애를 치료할 때에는 완벽해져야 한다는 욕구, 신체 이미지의 문제, 성에 관련한 주제, 성인이 되는 것에 대한 두려움에 집중한다. 사람들은 거식증을 일으키는 요인으로 성장 거부를 자주 거론한다. 이는 옳은 말이다. 하지만 영재성을 지닌 사람의 경우에는 이러한 사실에 몇 가지 구분을 더해 섬세하게 접근할 필요가 있다. 18세인 알리스는 내게 이렇게 말했다. "가족 심리 치료를 받는 도중에 아빠가 자기 딸이 자라는 모습을 보기가 두렵다고 털어놓았죠. 그건 내게 충격이었어요. 나는 내가 아빠를 안심시키기 위해서 14세에 거식증에 걸린 것은 아닌지 의문이 들어요." 그 젊은 여성은 부모에게 매우 큰 애착을 느꼈고, 부모의 기분과 감정이 어떤지에 항상 예민했다. 그녀의 어머니는 알리스의 공감 능력이 무척 뛰어났기 때문에 자기 딸이 영재가 아닌가 생각했다고 나에게 털어놓았다. 알리스는 부모가 어른들의 문제로 어려워할 때면 항상 부모의 불편함과 고통을 감지했고, 만 3세부터 이미 부모를 도우려 하고 팔을 벌리며 위안의 말을 건네거나, 부모를 슬프게 만든 사람을 밀어냄으로써 부모를 위로하려 했다. 알리스의 경우, 성장하는 데 대한 두려움은 그녀 자신으로부터 생기지 않았다. 알리스는 부모 중 한 사람의 고통을 흡수해 내면화했다.

영재 여성은 두려움 말고 다른 이유들 때문에 성인기에 들어서면서 거식증을 발달시킬 수 있다. 엘자는 다음과 같이 말한다. "내 삶을 책임져야 하는 순간이 왔을 때 거식증과 폭식증을 겪었어요." 어른이 된다는 것은 홀로 경제적으로 생활을 책임지고 좌절감을 극복할 수 있게 됨을 뜻한다. 다른 사람들이 볼 때, 엘자가 어른의 삶과 연관된 책임을 받아들이는 데에서 겪은 섭식 장애는 미성숙함으로 보일 수 있다. 사실, 이러한 장애는 자신의 차이점을 부정적으로 체험함으로써 생겼다. 벨기에의 웹 사이트 douance.be는 이러한 현상을 매우 잘 설명한다.

"거식증이나 폭식증을 겪기에 앞서, 여자 청소년은 일반적으로 자신이 독자적으로 행동할 필요성과, 자기 또래의 다른 청소년과 동일시하기 힘들어서 가족이라는 누에고치와 멀어질 수 없는 현실 사이에서 갈등하는 시기를 겪는다. 다른 풍성한 여러 경험을 하고 자신의 경험을 동료들의 경험과 대조했어야 할 시기에, 그 어린 여성은 자기 친구들의 관심사가 자기와 상관없고, 그들의 관심사와 일상을 살아가는 방식이 자신과 동떨어져 있다고 느낄 것이다. 그 때문에 그 아동이 자신을 또래 아동들과 동일시하고 그럼으로써 자신만의 정체성을 구축하는 일은 거의 불가능하다."

영재 여성이 지닌 차이점이 부정되거나 무시되면, 거식증은 그 질병이 통계적으로 발발하기 쉬운 나이(만 14세와 16세 사이) 훨씬 이후에 나타날 수 있다. 또 다른 어느 여성은 자신이 성인기에 들어섰을 당시를 이렇게 증언한다.

"나는 오랫동안 거식증으로 고생했어요. 23세에 시작됐죠. 어렸을 때에는 아무도 내가 고통 받는 것을 알아보지 못했어요. 우리 집안은 전혀 넉넉하지 못했고, 집안 분위기는 폭력적이었어요. 나는 항상 아버지를 무서워했죠. 초등학교 때는 잘 기억나지 않아요. 그 저 항상 심한 불안을 느끼며 지냈다는 사실만 기억하죠."

영재 여성이라는 것, 다른 사람들의 기대와 그들과의 간극을 느끼는 것은 역설적이게도 그 사람을 지적으로 더 취약하게 만든다. 멘토를 찾아내고 나이가 더 많은 젊은 여성과 우정을 맺는 일—왜냐하면 그 여성이 건강한 여성의 모델을 제시할 것이므로—은 영재 여성이 자신의 정체성을 구축하는 데 도움이 될 수 있다.

## 주변 사람들의 역할

거식증은 심각한 질병이고, 그 결말은 죽음일 수 있다. 따라서 반드시 치료해야 한다. 거식증은 당사자 뿐 아니라 주변 사람들에게도 무척 견디기 힘들다. 환자와 가까운 사람들은 그 질병을 이해하기 힘들어하고, 가끔은 거식증으로 환자가 부모 중 한 명과 겪는 미묘한 관계 문제가 드러나기도 한다. 17세 카롤린은 치료 중에 이렇게 대꾸했다. "엄마는 아무것도 못 보고 아무것도 못 느껴요. 나랑은 정반대죠."

이 문제가 일시적이며 청소년기가 지나면 사라질 거라고 믿고 싶을 수 있다. 회피하는 것은 다른 걱정거리도 많은 부모에게는 간편한 일이다. 잠재력이 높은 어느 여성은 자신의 청소년기를 돌아보며 부모가 이혼한 다음에 생긴 문제를 되짚는다. "내가 거식증에 걸렸을 때, 부모님은 전혀 눈치를 못 챘고 상황을 인정하지 않으려 했죠. 내가 35킬로그램이 되었을 때, 아버지의 여자 친구가 그 사실을 깨닫고 다른 사람들에게 말했죠." 이 여성의 경우처럼 학교 선생님이나 가족의 친구가 상황을 먼저 눈치 채고 경고의 종을 울릴 수 있다. 주변 사람들의 역할이 중요하다고 나는 강조한다. 그들을 비난하기 위해서가 아니라, 그들이 이 문제에 관심을 갖게 만들기 위해서다. 거식증은 주로 여자 아동청소년에게 생기는데, 그들은 자신이 겪는 어려움을 스스로 해결할 만큼 성숙하지 않고 그럴 만한 충분한 자원도 없다. 영재성을 이해하는 일은 가족과 친구, 치료사가 그들을 돕기 위해서 매우 중요하다.

그들을 어떻게 도울까? 고통 받는 여성과 아동청소년이 외부의 도움을 받도록 해야 한다. 이 점은 강조해야 하며, 그들이 거부하는 것을 용납해서는 안 된다. 이 장애를 일찍 치료하기 시작할수록, 아동청소년은 더 빠르게 치유의 길로 들어설 것이다. 치료가 병원 환경 바깥에서 이루어진다면, 개인 및 가족 치료와 섭식에 관한 조언, 지지 집단, 치료를 총괄하는 의사가 한 명 개입될 것이다.

영재성을 인정하고 받아들이고 이해하는 일은 거식증에 걸린 젊은 여성이 치유되는 데 있어서 핵심적이다. 거식증 치료를 통하여 그 여성이 자신의 내면세계와 자신이 세상을 해독하는 독특한 방식에 더 잘 적응하도록 도와주어야 한다. 이러한 외래 치료가 충분하지 않으면, 환자가 치유의 길로 잘 나아갈 수 있도록 병원에 계속 혹은 낮 시간에 머물면서 치료하는 일이 반드시 필요하다.

섭식 문제를 전문으로 다루는 치료사와 영양사, 의사를 찾아 포괄적인 치료진을 구성해야 한다. 당신의 자녀를 담당하는 소아과 의사나 믿을 만한 사람들에게 정보를 구하라.

당신의 딸이 치료받기를 거부하면 다른 방법을 강구하라. 딸의 건강이 염려되면 그 아이를 담당해 온 소아과 의사나 가족을 치료해 온 의사를 찾아가라. 그 의사가 증상의 심각성을 평가하고 당신의 자녀에게 치료를 받아야 하는 필요성에 대하여 말해 줄 수 있을지 모른다. 딸이 치료는 거부해도, 건강한 식사 계획을 세우는 데 도움을 줄 영양사는 만나겠다고 할지 모른다. 딸이 그러한 식사 계획을 따르지 않는다면, 당신은 부모로서 권위를 내세워 치료 받을 필요성을 강조해야 한다. 딸이 신뢰하는 다른 어른들에게 치료를 받아야 할 필요성을 딸과 함께 이야기해 보도록 부탁할 수도 있다.

도움을 받으라. 당신도 지지받을 필요가 있다. 당신의 딸이 고통을 받는다면, 당신도 똑같이 고통을 받는다. 당신이 도움을 요청하면, 그런 모습 자체가 당신의 딸에게 큰 영향을 미칠 것이다.

## 제3장

> 진짜 자기를 포기하지 않을 때
> 잠재력은 실현된다

## 정체성 혼란

　잠재력이 높은 여성은 자신에게 기대되는 것과 자신의 실재 존재, 자신이 고유하게 느끼는 것 사이에 끊임없이 존재하는 간극을 느끼며 괴로워한다. 그 간극은 그녀가 정체성을 구축하는 일을 복잡하게 만든다. 정체성이란 무엇인가? 정체성은 일단 모든 사람이 제각기 자기 자신을 인식하는 방식이다. 사람이 자기 자신에 대하여 갖고 있는 이미지다. 잠재력이 높은 여성, 그대는 누구인가? 그대는 자신을 어떻게 인식하는가?

　앞에서 이미 살펴보았듯이 영재 여성은 창조적이고, 매우 민감하며, 호기심이 많고, 일반적으로 모든 것을 빠르게 이해하고, 여러 분야에서 동시에 유능하며, 관찰력이 뛰어나고, 개방적이고, 독창적이고, 지적인 노력을 들이는 데 있어서 끈질기고, 열정에 차 있으며, 관용성이 뛰어나다···. 이러한 특징을 계속해서 덧붙인다 해도 이런 목록으로는 영재 여성의 전형적인 모습을 그려내기에 충분하지 않다. 그들의 공통분모는 바로 '다름'이기 때문이다. "나는 1년 전에 잠재력이 높다고 진단을 받았고, 그 때문에 삶이 바뀌었죠.

나는 항상 내가 다르다고 느껴 왔어요." 또는 "나의 삶은 이해할 수 없는 점들의 매듭으로 이루어져 있죠." 영재 여성에게서 다름은 남성적 규범과 여성적 규범이라는 이중 모델 때문에 더 커진다. 그녀는 영재 여성이라는 극소수 집단에 포함되며, 또 투쟁과 진보가 이루어지긴 했지만 너무나 자주 소수 집단으로 간주되는 여성으로서 세상을 살아가기 때문이다.

심리치료사는 영재 여성이 자신의 다름에 이름을 붙이도록 이끈 다음에(이는 모든 영재와 실시하는 상담 과정의 첫 단계다), 그 여성이 세계와 상호작용하기 위해서 사용하는 눈가림 정체성(이를 거짓 자기라고 부른다)으로부터 자신의 깊숙한 본래 성격을 분리시키도록 도와야 한다.

# 거짓 자기

:

## 다름에 대한 불안,
## 기대에 부응하지 못할 거라는 두려움

정체성은 생애 초기부터 생물계 및 무생물계와 상호작용하면서 형성된다. 갓난아기는 어머니나 자신을 돌보는 다른 가족이 자신의 욕구를 모두 충족시켜 주므로, 생애 초기에 모든 것이 자기에게 맞추어져 있고 아무것도 부족하지 않은 세계를 경험한다. 아이에게 헌신하는 어떤 한 사람이 존재하고 그 사람이 아이가 한껏 발달하는 데 필요한 돌봄과 관심을 (심지어 사랑을) 아낌없이 제공하는 정상적인 발달 과정에서 이는 사실이다. 아기가 자기 자신과 세계를, 또 세계 속의 자신을 점유하기 시작하려면 안전하고 편안하다고 느낄 필요가 있다. 도널드 위니캇Donald Winnicott이 이론화했듯 자기(self)는 일단 이러한 생존에 필요한 욕구가 전부 즉시 충족된다는 확신에 기반을 두고 구축된다. 이로써 아이에게 살아가고자 하는 욕구가 생긴다. 뒤이어 아이는 세상의 마법이 자기 욕구를 즉각 실현하는 데에 있지 않다는 사실을 알게 된다. 아기는 세계를 발견해 가는 동시에(갓난아기의 시각은 그 범위가 최초 3개월 동안 20센티미터, 뒤이어 30센티미터 등으로 차츰 넓어진다), 인지 능력이 커진다. 갓난아기를 돌보는 부모는 아기에게 전능하다는 느낌을 주기를 서서히 멈춘다. 물건은 더 이상 아이가 손가락으로 가리켜 보이기만 하면 즉시 오지 않으며, 아이는 그 물건을 향해 가려고 노력을 들여야 한다. 그리하여 아이는 삶이 포근하긴 하지만 모든 것이 자기가 원하는 그 순간에 나타나지는 않는다는 느낌을 받는다. 이 단계를 거치며 아기는 좌절감을 학습할 뿐 아니라, 자기 자신에 대한 인식을 구축하고, 이로써 자신감을 키운다. 아기는 원하고 또 할 수 있다. 필자가 이 글에서 취하는 관점에서 볼 때, 자기(self)는 어떤 고유한 정체성이다. 이 정체성은 느껴짐과 동시에 어떤 행동, 즉 가리켜 보이는 몸짓이나 단어, 의성어 등으로 표현되는 욕구에서 탄생한다. 진정한 자기, 그 참된 정체성은 행동을 실천함으로써 우리의 필요와 욕망을 실현하는 과정에서 구축된다. "진정한 자기만이 창조할 수 있으며, 진정한 자기만이 실제로서 느껴질 수 있다[1]."라고 위니캇은 썼다. 여기에서 '창조한다'라는 말은 넓은 보편적인 의미에서 이해해야 한다. (이미 일상어가 된 프로이트가 사용한 단어를 사용해서) 달리 말하면, 진정한 자기만이 삶의 충동이다…. 필자는 뒤에서 이 점을 다시 다룰 것이다.

거짓 자기는 외부적인 제약에서 탄생한다. 위니캇에 따르면 거짓 자기는 아이가 어떤 물건을 획득하며 맞닥뜨리는 신체적인 장애물 때문에 생기는 것이 아니라, 자신의 욕망을 다른 어떤 욕망, 최초로는 어머니의 욕망으로 대체하기 때문에 생긴다. 아이는 자신이 요구하는 것을 항상 가질 수는 없다. 그 이유가 무엇이든 어머니는 아이에게 아이의 필요에 알맞다고 판단하는 다른 물건을 제시할 것이다. 아이는 그 상황에 적응한다. 그 일을 기분 좋은 마음으로 하려고 아이는 자기에게 제시되는 것을 자기 것으로 삼으며, 타인의 욕망을 온전히 받아들여 그 타인의 기대에 부응한다. 갓난아기, 뒤이어 아동, 성인은 세계를 향해 가는 자신의 자발적인 움직임으로써가 아니라 환경에 대한 반응으로 자신을 구축한다. 거짓 자기, 즉 외부의 제약들에 지배받고 적응한 인격이 자리 잡는다. 거짓 자기는 자기를 외부 세계에 적응함으로써 자연스럽게 생겨난다. 자기는 참과 거짓 사이의 어떤 균형에서 야기된다. 참된 자기는 사회에서 모든 일을 하도록 스스로 허용할 수 없다. 그러한 사회에서 잘 성장하기 위해서 아이는 균형 잡힌 교육을 받아 거짓 자기를 만드는데, 아이는 그 거짓 자기를 항상 인식하지는 않으며, 거짓 자기 덕분에 여러 제약이 주어져도 사회에서 앞으로 나아갈 수 있다. 거짓 자기는 그것이 없다면 외부의 공격에 끊임없이 직접 대응해야 했을 진짜 자기의 보조자이자 보호자 역할을 한다.

거짓 자기가 문제를 일으키는 것은 불균형이 생기는 경우다. 기대에 지나치게 순종할 때, 너무 강하게 주어지는 제약들에 대한 반응으로 참된 자기는 질식하고 본성과 전혀 다른 순종적인 인격이 강해진다. 이는 알프레드 드 뮈세Alfred de Musset가 쓴 희곡의 주인공인 로렌자치오의 가면과는 조금 다르다. 그 가면은 로렌자치오가 어떤 목적을 위해서 스스로 선택한 것으로서 결국 그의 일부가 된다. 거짓 자기 때문에 고통받는 사람은 그런 가면이 존재한다는 사실을 인식하지 못한다. 그럼에도 불구하고 그는 본질적인 무언가가 결여되어 있어서 고통받는데, 그 사실을 다른 사람들은 감지하며, 그 때문에 그 사람은 '거짓'으로 보인다. 이런 눈가림 정체성은 그 사람이 사회에 행복하게 통합되는 일조차 가로막는다. 그와 반대로 완벽하게 건강한 거짓 자기가 발달하면 적절하고 상황에 맞는 인격이 만들어져서 사회생활의 규칙을 따르면서도 양심에 거리낌 없이 고통받지 않고 행동할 수 있다.

그렇다면 잠재력이 높은 여성의 경우는 어떨까? 그 여성은 자신을 마비시키는 거짓 자기를 발달시킬 위험이 남성보다 더 크다. 도널드 위니캇은 거짓 자기를 건강한 발달부터 자기 자신과의 관계를 상실해 우울감과 불안을 야기하는 극단적인 단계까지 단계로 구분했다. 잠재력이 높은 여성은 사회가 그녀에게 거는 기대가 복합적이고 가끔은 서로 모순되기 때문에 부정적인 거짓 자기를 발달시킬 위험이 더 크다.

영재 아동은 성별에 관계없이 자연스럽게 자신의 '자아'를 거짓 자기로 발달시키는 경향이 있다. 어머니의 기대가 그 아동의 영재성에 맞지 않기 때문이다. 영재 아동은 자신이 자발적으로 기능하는 방식이 어머니를 비롯한 주위 사람들에게 불안과 몰이해를 야기하는 원천이라는 사실을 느끼고 이해한다. 그래서 불안한 마음으로 떠밀리듯 다급하게 거짓 자기를 동원한다. 이런 마음은 성공해야 한다는 강박관념으로 변하는데, 이러한 생각은 아동이 학교나 직장에서 훌륭한 성과를 거두게 하지만, 아동은 개인적인 만족감을 느끼지 못한다. 이는 남들을 속인다는 느낌이 아니라 무언가 거짓이라는 느낌으로서, 보통 남성 영재가 느낀다. 어렸을 때 여자 아동보다 더 많은 기대를 받았기 때문이다. 거짓 자기와 관련하여 남성 영재보다 여성 영재에게서 더 많이 나타나는 느낌은 두려움이다. 타인의 반응에 대한 두려움, 예기치 못한 결과에 대한 두려움, 실패에 대한 두려움. 여성 영재들은 자신이 주위 사람들에게 받아들여지지 못할 거라는 불안과 다른 사람들의 기대에 부응하지 못할 거라는 두려움 때문에 거짓 자기를 발달시킨다. 예를 들어 디안은 살면서 단지 남들을 실망시킬 거라는 불안감 때문에 번번이 원치 않는 선택을 했다는 사실을 깨달았다. "나는 남들이 나에 대해 어떻게 생각할지가 너무 두렵고 거부당할 것이 너무도 두려워서 결국 나 자신을 거부하기에 이르렀죠. 나 자신을 부정하거나 비난하느라 얼마나 많은 시간을 허비했는지 몰라요!"

# 외부의 기대

:

# 남들의 마음에 들고
# 남들을 기쁘게 해 주려는 경향

어른인 여성에게, 여자 아동청소년에게 사람들은 무엇을 기대하는가? 우리 서구 사회에서는 그들에게 어떤 전형적인 역할을 지금도 부여하고 있는가? 그들이 어떻게 반응하도록 기대하는가? 여전히 통용되고 있으며 모든 여성의 정체성 구축에 해로운 영향을 끼치는 틀에 박힌 생각들을 열거해 볼 시간이다.

전통적으로 사람들은 여성이 부드럽고 우아하고 이해심이 넓고 타협적이며 순진하고 성적으로 경험이 부족한 존재이기를 기대한다. 여자는 집안일과 자녀, 일반적으로 가족을 책임지고 가족이 잘 지내도록 돌보아야 한다. 간호사, 교사 같은 어떤 직업들은 여성에게 더 적절하다고 생각된다. 과학과 수학은 여자에게 적절한 학문이 아니다.

잠재력이 높은 여성은 남들의 마음에 들고 남들을 기쁘게 해 주려는 경향이 있다. 나는 이것이 (임신과 출산기라는 특별한 시기를 제외하면) 생물학적인 차이보다는 교육에서 기인한다고 말하곤 한다. 보리스 시뤼르니크Boris Cyrulnik는 『관계(사랑과 애착의 자연사)』에서 성인이 갓난아기를 대하며 보이는 행동을 관찰한 여러 실험을 전한다[2]. 그 실험들은 1980년대에 이루어졌다. 9개월 된 아기가 울고 있는 영상을 학생들에게 보여 준다. 실험자가 "이 남자 아기가 왜 울지요?"라고 물으면, 학생들은 "아기가 화가 나서요."라고 답한다. 다른 학생 집단에게 "저 여자 아기가 왜 울지요?"라고 물으면, 그들은 "아기가 무서워서요."라고 답한다. 또 다른 실험에서 마찬가지로 어른들에게 성별을 밝히지 않고 갓난아기들을 보여주었다. 남자 아기가 분홍색 리본을 달고 분홍색 옷을 입고 있기만 하면 어른들은 다정한 태도를 보였다. 영재 여자 아동은 모든 여자 아동과 마찬가지로 "얌전해라." 또는 "나를 기쁘게 해 다오."라는 말을 남자 아동보다 더 많이 들었을 것이다. 위에서 언급한 고정 관념들은 우리 사회에서 계속 통용되며, 이는 이른바 '하드' 과학 또는 '순수' 과학 분야에 종사하는 잠재력이 높은 여성이 적은 이유일 것이다. 그 여성들이 그런 분야에서 뛰어난 능력을 보이는데도 말이다. 그들은 외부의 기대를 중요하게 여기고 존중하면서, 거짓 자기를 발달시키고 그 때문에 불행해하거나, 아니면 자신의 차이를 당당히 받아들이고 고립되는 위험을 감수한다.

# 거짓 자기의 함정

:

# 결국, 자기 자신을
# 공격하는 무기가 된다

순종하는 영재 여성의 거짓 자기는 그녀를 둘러싼 단단한 껍질로 사용되므로 매우 거추장스럽고 해롭다. 이는 그 여성이 외부의 공격에 맞서 지닌 무의식적이고 자연스런 유일한 방어법이다. 하지만 거짓 자기는 참된 자기를 공격으로부터 보호하는 것이 아니라 끝내 질식시키고 만다. 방어막은 자기 자신을 공격하는 무기가 된다.

잠재력이 높은 여성은 사회에 순응하려 하고 기대와 일치하는 방향으로 나아가면서 진정한 자기 존재를 상실할 위험이 있다. 이는 스트레스와 좌절감을 야기해서 심리적 균형과 건강에 해로운 영향을 미친다. 외부의 기대에 집중하고 그에 따라 행동하는 경향이 심해지면, 영재 여성은 자기 주변 사람들에게 정서적으로 심하게 의존하게 된다. 그녀의 거짓 자기는 주위 사람들의 욕구를 미리 예견하고, 그 기대를 앞서가고, 그에 대한 보상으로 칭찬과 애정을 받으려 한다. 이는 매우 지치는 일이다. "성탄절 기간에 나는 몸무게가 10킬로그램 빠졌어요. 명절 스트레스 때문이죠. 모든 사람에게 다 맞춰야 하니까요. 나는 온 식구를 한자리에 불러 모으는 데 엄청난 에너지를 들이고 결국 지쳐서 나가떨어지죠."

이런 식으로 발달하는 거짓 자기는 참된 자기가 진정으로 바라는 것과 가장 거리가 먼 거짓 자기다. 남들에게 칭찬받고 인정받는 데에서 얻는 만족감은 그 사람이 지닌 진정한 열망이 명료하게 드러나지 못하게 한다. 참된 자기는 숨이 막혀 질식하고, 진정한 자신으로 되돌아가려는 그 어떤 생각도 마찬가지로 질식한다. 일반적으로 영재 여성은 자신이 남들과 다른 점, 즉 참된 자기가 타인에게 사랑받고 가족과 학교, 직장에 통합되는 데에 방해가 된다고 과거에 판단했을 것이다. 참된 자기가 다시 고개를 들려고 할 때마다, 제자리를 되찾으려고 할 때마다, 외부의 압박이나 정서적 협박이 그러한 시도를 방해했을 것이다. 그러면서 영재 여성은 고통스러운 경험을 계속 쌓아왔을 것이다. 매우 민감하고 남들을 기쁘게 해 주려는 그녀는 무언가 잘못되어 간다고 속삭이는 작은 목소리를 귀 기울여 듣기를 포기할 테고, 그 목소리는 무의식에 몸을 숨긴 채 그녀가 잠을 못 이루게 만들고 언젠가는 그녀가 자신이 그때까지 성취한 것에 대한 의욕을 상실하게 만들 것이다.

보통 영재 여성의 참된 자기가 다시 모습을 드러내는 것은 매우 심한 고통을 겪은 이후, 매우 심각한 우울증에 빠진 이후다. 그런 우울한 상태는 공허하고 슬프다는 느낌, 그때까지 그를 행복하게 만든 모든 것(직장, 물질적인 성공)에 대하여 별안간 무심해지는 것으로 나타난다. 이는 얼핏 '중년의 위기'와 비슷해 보일 수 있지만, 그와는 다르다. 그것은 어떤 삶에 대한 충동이다. 한편 또 다른 경우에는 그 과정이 그렇게 극적이지 않고 더 느린데, 아가트의 경우가 그렇다.

아가트는 기대 수준이 무척 높은 부모가 완벽하게 조율한 어린 시절을 보냈고, 경영 대학에 들어가고 금융계에서 실습한 후, 투자 펀드 분야에서 일할 목적으로 외국에서 근무하기 시작한다. 하지만 그러느라 자신이 자연스레 문학에 이끌린다는 사실을 무시한다. 여러 경력을 거치고 자녀를 네 명 낳고 40세가 되어서 아가트는 자신이 "누구를 위하여" 사는지 질문을 던진다. "너의 신분증은 바로 네가 받은 교육이야.", "행복해지려면 돈을 벌어야 해."라고 부모는 그녀에게 말했다. 하지만 아가트는 이제 더 이상 자신에게 진정으로 맞는 일이 무엇인지 알지 못한다. 그래서 무조건 이윤을 추구하지 않고, 직장 상사와 경쟁을 벌이는 일을 피한다. 그녀는 글을 쓰기 위해서 시간을 내기를 꿈꾼다. 그녀에게는 여러 욕망이 있는데 그중 하나는 자신이 책을 펴내어 아버지에게 마침내 인정받는 것이다. 아가트는 자신의 참된 자기를 더듬더듬 모색해 간다. 아가트는 자신이 자기 자신을 위하여 성취하려는 일과 외부(그녀의 경우에는 아버지)의 인정을 받기 위해서 성취하고자 하는 일을 구분해야 한다.

　다른 사람들에게 인정받기를 기대하는 일은 영재에게 있어서 행복으로 나아가는 가장 나쁜 길이다. 영재가 활짝 꽃피기 위해서 가야 할 길은 보통 사람이 가는 길과 비슷할 수 없다. 가령 여러 분야에서 동시에 유능하다는 영재의 특징은 행복해지는 실마리일 수 있지만, 사람들은 그런 특징을 항상 삐딱한 시선으로 바라볼 것이며, 프랑스에서는 더욱 그럴 테다. 33세인 쥘리아는 어머니의 죽음에 대하여 상담을 받으러 나를 찾아왔을 때, 자신이 외과 의사인 동시에 오페라 가수로 활동한다고 말했다. 그녀는 자신이 이렇게 완전히 다른 두 가지 활동을 한다는 사실을 양쪽 직장의 동료에게 숨기지 않는다. 하지만 둘 중 한 분야에서 그녀가 장벽에 부딪치기만 하면 직장 동료들은 곧바로 그녀가 여러 활동을 동시에 한다는 점을 문제 삼는다. 쥘리아가 둘 중 하나를 선택해야 한다는 말이 어김없이 나오지만, 그녀는 남들과 달리 전혀 그렇게 생각하지 않는다. 그녀는 의사 활동을 병행한다는 이유로 극단에서 어렵다고 생각되는 배역을 소화해내지 못할까봐 어떤 공연에 선발되지 못하기도 했다. "나는 의사로서 돈을 벌고 그 일을 무척 좋아해요. 한편 노래는 내가 좋아하는 일로서 그 일을 직업으로 삼기는 포기했지만 노래하는 일 자체는 포기하지 않았죠. 나한테 다른 직업이 있다고 해서 나를 낮게 평가하는 것은 부당하다고 생각해요." 쥘리아는 일상

적인 규범에서 벗어나 있고 남들의 존경과 경계심을 동시에 불러
일으키지만, 그래도 이러한 상황은 그녀가 일상을 행복하게 살아
가는 데 전혀 방해가 되지 않는다.

# 위기 감수 능력

:

## 참된 자신과 접속하고
## 잠재력을 실현하는 데 결정적인 것

거짓 자기는 또 다른 어려움도 야기한다. 바로 자신감을 잃는 것과 위험을 감수하지 못하게 하는 것이다. 샐리 M. 레이스는 영재 여성 스물두 명이 성공하는 데에 결정적이었던 단계와 요인들을 표로 정리해 제시한다[3]. 그 표에는 세 단계가 나온다. 첫 번째 단계에는 네 개의 기둥 혹은 뿌리가 포함되는데, 이는 능력, 환경, 자신이 맺는 관계를 인식하는 방식, 인격이다. 나는 여기에서 우리가 관심을 갖는 요인만 상세히 설명하려 하는데, 그것은 바로 연구된 모든 여성에게 공통적으로 나타나는 인격 특징으로서 결단력, 동기, 창조성, 인내심, 위기 감수 능력이다. 이 모든 요인은 샐리 M. 레이스가 각자의 잠재력을 실현하는 데 있어서 결정적이라고 간주하는 것, 즉 "자기 자신에 대한 믿음과 자신의 재능을 개발하려는 욕구"를 발달시키는 데 기여한다. 레이스는 그 공통 요인을 세 개의 요소로 나눈다. 즉 자기 자신에 대한 개념, 자존감, 운명 또는 인생의 목표에 대한 감각이다. 필자인 나의 목적은 성공 매뉴얼을 제시하는 것이 아니며, 더욱이 내가 인용하는 연구에서는 어머니가 되는 것과 가정이 수학과 똑같은 수준으로 자신의 잠재력을 실현하는 일로 간주된다. 나는 위기 감수 능력이 참된 자기와 다시 접속되는 데에 무엇보다 필요한 자신에 대한 믿음과 자존감을 기르기 위해서 필요하다는 사실을 강조하고자 한다. 영재 여성이 자신을 긍정하면 어떤 일을 이루기 위해서 감수해야 할 위기를 제대로 평가할 줄 알게 되고 그 일에 착수하는 것을 두려워하지 않는다. 하지만 반대의 경우, 즉 거짓 자기를 발달시킨 영재 여성은 알지 못하는 것을 향해 나아갈 능력이 더 이상 없다. 실패에 대한 두려움, 자신이 지닌 차이점이 온 세상에 드러날 거라는 두려움, 남들의 눈에 띄고 남들이 자신에게 맡긴 역할에서 자신이 벗어날 거라는 두려움 때문에 꼼짝도 하지 못한다. 균형을 찾아 나아가던 어느 여성 환자는 내게 이렇게 털어놓았다.

"다른 방식으로 생각하면서 나의 정체성에 대해 물어 보게 돼요. 예전에 나는 내가 말하도록 스스로 허락하지 않았고, 심지어 굽이 있는 신발을 신도록 허락하지도 않았어요. 소리가 크게 나니까요! 나는 내가 투명인간이 되어야 한다고 느꼈죠. 입을 열면 사람들이 내가 남들과 똑같지 않다는 사실을 알게 될 테니까요."

자신의 참된 자기를 회복하려 할 때, 초기에 감수해야 할 위험은 감히 말하거나 굽 있는 신발을 신는 일처럼 사소할 수 있다. 자기를 성취하려 할 때에는, 남들이 부러워하고 훌륭한 직장을 그만두는 일처럼 감수해야 할 위험이 더 클 수 있다. 자신감이 부족한 영재 여성에게는 아마도 실패할지 모른다는 두려움이 행동을 가장 심하게 마비시키는 요인일 것이다. 그러한 여성의 경우에 실패는 그녀가 무능하다는 증거가 될 테고, 그녀가 만일 이미 영재로 진단을 받았다면 자신이 지닌 잠재력의 수준에 미치지 못했다는 이유로 더욱 자책할 것이다. 끝으로, 위험을 감수하는 일은 곧 당신에게 무언가를 기대하던 사람들을 배신하는 위험을 감수하는 일이다. 즉 사랑하는 사람들을 잃을 위험에 노출되는 것이다. 진정한 자기 모습 그대로 사랑받도록 요구하는 것은 거짓 자기가 따르는 논리가 아니다. 거짓 자기는 약해진 자아를 보호하려고 위험을 감수하는 일을 금지한다. 하지만 그렇게 함으로써 거짓 자기는 판관이자 배심원, 고문하는 존재가 된다.

거짓 자기가 영재 여성에게 제기하는 마지막 위험은 그녀가 지닌 재능을 부정하는 것이다. 그 원리는 단순하다. 영재 여성이 주목을 덜 받을수록, 그녀는 주위에 더 잘 받아들여진다. 그러므로 그녀는 반짝이며 두각을 나타내지 않도록 신경 쓸 것이다. 이는 실천하는 데 시간이 많이 걸리고 까다로운 과정이다. 작은 목소리가 끊임없이 그녀를 나무라며 "대체 네가 누구라고?"라며 반복해서 말하고, 이런 말을 계속해서 들은 영재 여성은 어른이 되어서 자신에게 재능이 부족하다고 확신한다. 자신의 잠재력을 표출할 욕구가 강하고, 자신의 재능을 향해 다가설 때조차 그녀는 또 다시 그에 대하여 용서를 구할 필요를 느낀다. 자기 재능을 인정하는 일은 영재에게 죄책감을 느끼게 한다. 마치 그 사람의 우월함이 다른 사람들에게서 무언가를 제거하기라도 한다는 듯 말이다. 이는 생길지 모를 질투심에 대한 반응으로 보이는 거짓된 겸손함이 아니라, 자신이 잘못했다는 진정 어린 감정이다. 영재 여성은 자신의 뛰어난 잠재력이 비난 받아 마땅한 대상이 아니며, 그로 인해 무언가를 잃는 사람은 전혀 없다는 사실을 이해해야 한다.

# 지배적 자기방어 기제
:
# 승화, 유머, 자기긍정

지금까지 잠재력이 높은 여성이 주변 환경에서 주어지는 기대에 대한 반응으로 거짓 자기를 발달시키기 쉬움을 살펴보았다. 이는 '순종하는' 영재 여성의 특징이다. 하지만 모든 영재 여성이 그러한 방향으로 나아가지는 않는다. 제약을 가하는 가족 및 학교 환경, 문화적 환경, 부모의 인격과 그들이 중시하는 가치, 살아가며 만나는 사람들… 이 모든 요인이 개입되어 성격을 형성한다. 영재 여성은 자신의 차이점을 억누르든 자유롭게 표출하든 다른 모든 사람과 마찬가지로 자신의 자아(moi)를 방어하기 위한 기제를 활용한다. 그 표현은 지그문트 프로이트Sigmund Freud가 논문 「정신 신경증의 자기방어」에서 처음으로 사용했다. 그의 딸 아나 프로이트

Anna Freud는 1936년에 출간한 『자아와 방어 기제』에서 자기 방어 기제를 따로 다루었고, 그 이후로 정신 의학자들이 그에 대한 연구를 계속해 왔는데, 그러면서 무엇보다 자기방어 기제 과정이 의식적인지 비자발적인지에 대하여 논쟁이 이루어졌고, 그 방어 기제가 자발적인 경우에는 가끔 방어 기제라는 말보다 '대처(영어로 coping)'라는 용어가 사용된다. 성인은 대체로 자기가 사용하는 방어 기제들을 인식하지 못하고, 따라서 그 기제가 상황에 적절한지 평가할 수 없다. 그 기제들을 식별해내는 일은 심리 치료 과정에서 다루어진다.

영재 여성에게 고유한 자기방어 기제들은 무엇일까? 이는 개인의 성격에 따라 많이 다르다. 나는 이제껏 해온 임상 치료 경험을 바탕으로 지배적인 세 가지 기제를 구분해냈다.

## 승화

보통 사람이 기분 좋게 긴장을 줄일 수 있도록 해 주는 기제다. 승화는 잠재적으로 부적절할 수 있을 감정이나 충동을 사회적으로 용납할 만한 행동이 되도록 인도한다. 승화는 여가 활동에서 이루어진다. 예를 들어 분노는 신체 접촉성 스포츠로 대체 발산된다. (주변 사람들의 기대에) '순종하는' 여자 영재 중 다수가 승화 기제를 사용한다. 승화함으로써 자신만의 공간을 마련하고 잠재적인 우울 상태를 완화할 수 있기 때문이다. 많은 영재 여성은 예술 활동, 그

중에서도 특히 음악을 활용한다. 승화는 불쾌한 것을 유쾌한 것으로 바꾸므로 기분 좋은 방어 기제이기는 하지만, 여자 영재는 자신이 하는 활동에 과도하게 열중하는 자연스런 경향이 있기 때문에 이 기제는 그들에게 해롭게 작용할 수 있다. 그러한 활동 때문에 내면의 들끓음이 더 심해지거나, 그 활동을 도피를 위한 구실로 삼아서 자신이 처한 고립 상태를 더 심하게 만들 수 있다. 따라서 그러한 여가 활동이 차지하는 비중에 주의를 기울이고, 그 활동에 들이는 시간을 제한하고, 그러한 여가를 놀이나 휴식의 기회 정도로만 유지해야 한다.

### 유머

프로이트는 유머를 "가장 고차원적인 방어 실천"이라고 간주했다. 유머가 불쾌한 것을 즉시 유쾌한 것으로 바꾸어 주기 때문이다. 영재 여성들은 유머를 무척 많이 동원한다. 자기 삶을 이야기하거나 지난 경험을 말하거나 자기 자신에 대하여 하는 말에는 자주 유머가 담겨 있다. 71세인 다음 여성은 자기 자신을 외계인으로 묘사한다.

"나는 현재 나 자신과 우주와 평화를 이루었다고 느끼지만, 인간 세계에서는 무척 외롭죠! 나는 완전한 회피와 단체 활동에 조금 가담하는 것 사이를 오가는데, 단체 활동을 하면서 보통 사람들하고 상호작용을 하다 보면 자주 순진하게 믿다가 당하는 일이 생겨요.

나는 예전에 생각했듯 내가 '영재'라는 범주에 속하는지 잘 모르겠어요. 모든 특성에서 내가 영재는 아니라고 생각하거든요. 나는 이 점에서 솔직해야 하고 유머도 발휘해야 하죠. 그런데 우리가 그 주제에 대해서 이야기한 내용은 이제 내게 아주 모호해서, 결국 더 이상 아무것도 모르겠네요."

유머를 사용하는 영재 여성은 자기 자신이나 치료사가 아닌 다른 사람들에게 말을 걸 때, 상대방에게 상처를 주지 않고 적을 만들지 않기 위해서 조심해야 한다. 유머가 고통스러운 감정과 거리를 두게 해 주긴 하지만, 영재 여성이 발휘하는 유머는 잘못 해석될 수 있기 때문이다. 영재 여성이 하는 유머러스한 모든 대구에 담긴 진실과 조롱은 사람들의 평균적인 유머보다 더 신랄하고 단정적이라서 상대방에게 상처를 주거나 공격적으로 느껴질 수 있다. 그래서 기대했던 암묵적인 동조 대신에 거북한 느낌만 심해진다.

## 자기 긍정

이는 사람들이 '그렇다' 혹은 '아니다'라고 말할 수 있게 하는 기제다. 영재 여성에게서 자기 긍정은 똑똑한 여자가 거만하고 편협하다는 (거짓된) 고정 관념을 키우는 데 기여한다는 점에서 문제가 될 수 있다. 영재 여성은 자신이 하는 말의 강도를 조절해야 하고, 자신의 타협할 줄 모르는 성격과 하는 일에 기울이는 열정이 다른 사람의 가치를 과소평가한다는 인상을 줄 수 있음을 이해해야 한다. 게다가 반(反)순응적인 영재 여성은 자기한테 강요되는 것에 많이 항의하는 경향이 있다. 그들은 '순종하는' 영재 여성과 반대로 과도하게 반대할지 모른다. 그러한 여성은 그런 태도 때문에 생기는 고독과 고립감에 대처해야 한다.

# 자신의 진정한 존재를
## 포기하지 않으면서 발전해가는 것

영재성은 어떤 다름, 체험된 다름이다. 잠재력이 높은 여성은 가까운 주위 사람들과 사회에 받아들여지려고 지속적으로 노력을 기울이며, 통합되거나 자신을 부각시키려 한다. 자기 자신을 정의내리고, 자신을 이해하고, 자기가 누구인지 탐색하는 일은 영재 여성에게 각별히 힘들 수 있다. 일단 그 즉각적인 주위 환경에서 적절한 모델이 있는 경우가 드물기 때문이다. "나는 누구인가? 내가 그렇다고 믿었던 존재는 아니다." 그녀는 대체 누구인가? 그녀는 자기가 누구인지는 아직 모르지만, 남자/여자라는 전통적인 대립도, 여성에 대한 통상적인 모델도 자신에게 부합하지 않는다는 사실은 알고 있다. 루이즈 부르주아Louise Bourgeois가 말했듯 "우리는 모두 남성-여성이다." 단, 영재 여성은 똑똑한 여성으로서 자신이 원치 않아도 불리한 조건에서 많은 남자와 경쟁 관계에 돌입하는데, 사실 그녀가 원하는 것은 자기 자신이 되는 것, 자신이 지닌 최고의 모습에 도달하는 것뿐이다. "그들은 나를 이해하지 못하는데, 도대체 나의 자리는 어디지요?"

가끔은 자신의 영재성을 발견하는 일이 그 자리를 찾았다는 착각을 하게 만들 수 있다. "나는 6개월 전에 지능 지수 검사를 받았어요. 결과는 별로 대단하지 않았죠. 결과가 조화롭지 않았어요. 지능 지수는 별로 중요하지 않지만, 나는 어떤 칸에 나를 분류할 필요가 있어요." 다른 이들은 영재성에서 자기 자신에 대한 만족스런 정의를 찾아낸다. "내게 있어서 영재성은 내가 여자고 흑인이라는 정체성을 넘어서는 어떤 정체성이죠. 그것은 내가 딛고 선 대륙이에요."

따라서 자신의 다름을 인정하는 일은 자신을 긍정하는 데 필요한 첫 번째 단계다. 어느 젊은 여성은 언젠가 내게 이렇게 써 보냈다. "자신이 영재라는 사실을 아는 것은 매우 중요해요. 나는 항상 다른 사람들이 나에게 부여하는 정체성들로 나 자신을 정의 내렸죠. 그건 숨이 막히는 일이었어요." 그런다고 타인 및 타인의 다름을 감안하고 정서 및 관계 지능을 발휘하지 못하는 것은 전혀 아니다. 영재 여성에게 어려운 도전은 자기 자신의 진정한 존재를 포기하지 않으면서 동시에, 타인에게 사랑받고 타인을 안심시킬 목적을 띤 거짓 자기라는 허울을 쓰지 않고 발전해가는 것이다.

> **"**
> 배제를 위해서가 아니라
> 포함시키기 위해 힘을 사용하라
> **"**

## 영재 여성이 타인과 맺는 관계

　정체성은 이중의 관계, 즉 세계와 맺는 관계 및 다른 사람들과 맺
는 관계 속에서 구축된다. 영재는 다른 사람들과 자신을 비교함으
로써 자신의 차이를 인식하고, 다른 사람들의 기대와 요구에 비추
어 자신에 대하여 지닌 이미지를 구축한다. 다른 사람들과 맺는 관
계는 모든 사람에게 매우 중요하다. 그런데 여성, 그리고 영재 여성
은 타인과의 관계에서 뛰어난 능력을 발휘하는 특별한 재능을 부
여받았다. 이는 여성이라는 성별을 구성하는 타고난 재능이라고
한다. 재능 있는 남자인 키르케고르Kierkegaard의 말을 들어 보자.

　"다른 사람들을 위하여 기도하는 것은 여성의 고유한 특성이다.
처한 조건과 연령을 막론하고 기도하는 여성을 상상해 보라. 여성
은 일반적으로 다른 사람들을 위해서, 자신의 부모, 사랑하는 사람,
남편, 자녀를 위해서, 항상 다른 사람들을 위해서 중재하는 모습일
것이다[1]."

이 철학자는 여성을 완벽한 중재인, '공동체의 상징'으로 묘사하면서 교회가 제의 용구 관리 역할을 여성에게 맡기지 않는 것을 통탄하기까지 한다…. 키르케고르는 여성 해방에 반대했다. 그가 보는 여성의 자리는 남성에게만 고유하게 속하는 '무한한' 사상의 세계와 반대되는 '유한한' 세계였다. 여성의 지위와 역할에 관하여 이 철학자가 지닌 생각을 더 이상 길게 설명하지는 않겠다. 여기에서 내가 보기에 중요한 것은 키르케고르의 생각이, 여성이 '자연스럽게' 관계를 만들어낸다는 널리 받아들여지고 현재에도 계속 유지되는 생각과 맞닿는다는 사실이다. 그리고 이러한 생각은 또 여자가 남자보다 언어적 능력이 우월하고 얼굴을 더 잘 알아본다는 등의 생각과도 통한다. 신경 과학자들은 이를 증명하려고 여러 실험을 실시했다. 과학자들은 일단 실험을 발표한 다음에 자신의 실험에 편차가 있을 수 있다고 인정하곤 했다. 그러한 실험과 반박 실험에서 흥미로운 점은, 실험 대상자들을 어떤 귀속 집단과 동일시하려는 의도가 지속적으로 보인다는 사실이다. 신경 과학자인 메리제인 브라가Maryjane Wraga는 사물을 공간적으로 시각화하는 능력(남자가 여자보다 수행 능력이 더 뛰어나다고 생각되는 과제)에 관한 연구를 실시했다[2]. 여성들은 아무 말도 듣지 않은 '중립적인' 실험에서 남자보다 덜 성공했다. 반대로 여자들한테 그들이 그런 유형의 게임에 재능이 있다고 미리 예고한 경우에, 점수는 남자와 여자가 비슷했다. 마찬가지로, 남자 집단에게 그들이 그런 연습 문제에 별로 강하지 않다고 예고해서 미리 그들을 조건화하면, 남자들은 여자들보다 실수를 더 많이 했다.

　인구의 2퍼센트도 차지하지 않는 집단을 대표하는 경우에 누구에게 또는 어느 집단에 동일시해야 할까? 다른 사람들과 다를 때 그들과 어떻게 상호작용해야 할까? 영재 여성은 자신이 맺는 각각의 관계에서 어떻게 행동하는가?

# 가족 관계
:
# 가족의 기둥,
# 지팡이 역할을 맡을 수 있다

## 잠재력이 높은 딸, 자매

영재 여자 아동이 부모와 맺는 관계는 일반 아동이 부모와 맺는 관계와 비슷하다. 영재 여자 아동과 영재 남자 아동이 보이는 차이는 여아가 부모의 기대에 응하는 데 더 크게 신경을 쓴다는 점이며, 이는 염두에 두어야 할 문화적인 측면이다. 모든 영재와 마찬가지로 극도로 예민한 영재 여자 아동은 주위 사람들의 아주 작은 기분의 변화에도 예민하게 영향을 받는다. 그들은 가족 관계가 맺어지고 긴장되고 약해지는 것에 신경을 쓴다. 어른은 슬픈 상황에서 여자 아동의 그러한 초민감함을 눈치챈다. 그들이 위로의 말을 하거나 몸짓을 보이며 어른처럼 행동하기 때문이다. 초민감한 사람은 자신이 사랑하는 사람들이 느끼는 행복에도 그만큼 크게 기뻐한다.

형제자매 관계에서 다른 자녀가 문제를 일으키고 그러한 상황이 부모에게 부담이 된다고 느낄 때, 여자 영재 아동은 자립적이 되고 남의 눈에 띄지 않으면서 부모에게 추가적인 부담을 주지 않으려는 경향이 있다. 이는 성인기에 가족 관계 바깥에서도 찾아보게 되는 특성이다. "나는 사람들에게 가능한 한 부담을 주지 않으려고 애써요. 다른 사람들의 말에 극도로 귀를 기울이고, 그들에게 위로가 될 것이 무엇인지 궁리하면서 그들에게 부족한 것을 그들이 말로 표현하기 전에 채워 주려고 하지요."라고 나타샤는 설명한다.

영재 여자 아동이 에너지가 넘칠 때, 그 아동이 지닌 차이가 가족에게 분명해지면서 부모가 그러한 차이를 걱정할 때, 영재 여자 아동은 여전히 부모를 기쁘게 하고 만족시키기 위해서 남들과 다르지 않으려고 신경을 쓴다. 이는 성인기에 다시 나타나는 태도다. "나는 밖에서는 무척 차분해 보이지만, 가족 안에서는 가끔 내가 마녀고 유별난 존재라는 느낌을 받아요. 어떤 집단, 무리에 속하는 일은 내게 언제나 중요했죠."라고 살마는 돌이킨다. 여자 영재는 사람들이 의지하는 가족의 기둥, 지팡이 역할을 맡을 수도 있다. 어떤 문제가 생기든 연락할 수 있고 해결책을 찾아내는 존재 말이다. 사람들은 딸이 어머니와 특별한, 혹은 강력한 관계를 맺는다고 흔히 말한다. 엘리에트 아베카시스Éliette Abécassis가 『행복한 사건』에서 다음과 같이 말하듯 말이다. "어머니와 맺는 관계는 우리가 구축되는 데 있어서 매우 중요하다. 이는 열정적이며 영양이 풍부한 관계, 가끔은 숨이 막히는 관계다." 영재 여자 아동의 경우가 과연 그렇다. 어느 여자 환자를 떠올리게 되는데, 그녀는 여러 영재 여성이 그렇듯 어렸을 때 여러 재능(무용, 음악, 그림)을 보였지만, 그 어머니는 그 중에서 단 하나도 인정해 주지 않았다. 현재 그녀가 지적인 측면 뿐 아니라 사회적인 측면에서 거둔 성공에도 그녀의 어머니는 무심하고, 심지어 상처를 주는 말을 쏟아붙이기도 한다. 그래서 그 환자는 어떤 어머니가 자녀의 소식을 전하고, 자녀들이 한 선택이 훌륭하고 그들이 얼마나 어려운 일을 극복해냈는지 감탄하는 말을 하거나, 하다못해 자녀들이 이사한 이야기를 쾌활하게 할 때마다 눈물이 나려 한다. 그녀의 어머니는 단 한 번도 그녀에 대해 그렇게 말한 적이 없었던 것이다. 그녀는 자신의 소식을 직접 물어오는 삼촌이나 고모, 이모를 통해서 그 사실을 알게 되었다. 어떤 상처는 아물기 힘들다. 나이가 몇 살이든 영재 여성에게 어머니의 지지는 매우 중요하다. 그들이 세계에 적응하는 일은 무척 힘겹고, 보통 여자 아동보다 어머니의 관대함을 더 많이 기대하기 때문이다. 어머니는 그 자신이 영재이든 아니든, 영재 여자 아동에게 있어서 최초의 모델 혹은 최초의 여자 영웅이기도 하다. 영재 여자 아동이 적응하지 못했다고? 세상을 이해하는 열쇠를 못 지녔다고? 치열하게 노력하지 않고 고통 받지 않았다고? 그 영웅이 당신을 하찮게 여기는데 어떻게 고통 받지 않을 수 있겠는가?

어머니가 불안정한 경우에, 모녀의 역할이 뒤바뀌는 경우가 무척 흔하다. 영재 여자 아동은 어머니를 지지하고, 어머니는 딸이 없으면 무너져 내릴 지경이 된다. 그 여자 아동은 성숙하고 외부 세계를 잘 이해하기 때문에 과부이거나 싱글인 어머니, 혹은 정신적으로 미숙한 어머니를 돌보는 '수선공' 역할을 맡는 경향이 있다. 그녀는 훗날 삶에서 개인적인 위기를 겪으면서 약해지는 시기가 왔을 때, 어머니가 자신에게 다음과 같이 말하는 것을 들으며 놀랄지 모른다. "네가 그렇게 무너지면 안 되지. 매사를 떠받치는 게 너인데."

잠재력이 높은 여성이 자신의 영재성을 스스로 발견하고, 부모와 맺는 관계가 복잡하다면, 그녀가 그것에 대하여 부모와 이야기하는 것이 좋다. 물론 그렇게 함으로써 관계가 차분해질 수 있다고 느낀다면 말이다. 어쨌거나 그것이 나의 여자 환자들의 말을 들으며 내가 하게 된 생각이다.


"아주 어렸을 때부터 어머니는 나한테 이렇게 반복해서 말했죠. '네가 정상이라고는 말할 수 없을 거야.' 내가 부모님의 진을 뺀 것은 사실이에요. 나의 리듬은 어머니의 리듬과 달랐고, 어머니는 언니를 키우는 게 더 쉽다고 생각했죠. 어머니는 내 주위에 벽을 쌓아야 했어요. 나는 어머니가 가는 방향으로 가지 않았거든요."

"어머니가 영재성에 관한 글을 읽은 이후로 우리 관계는 안정적이 되었고, 어머니의 행동이 달라졌죠."

## 잠재력이 높은 어머니

'영재 여성은 자녀를 가진다는 생각을 싫어한다.', '자녀가 있어도 제대로 돌보지 않는다.' 이런 생각들은 바로잡아야 할 편견이다. 일단, 모성 본능의 강도, 또는 자기 자녀를 사랑하고 양육할 능력이 지능 지수와 반비례할 거라는 생각은 어처구니없다. 그렇다면 좋은 어머니는 멍청하고, 훌륭한 어머니는 완벽한 백치일 테다! 사실, 잠재력이 높은 여자는 자기 자녀들이 균형을 이루는 데에 극도로 주의를 기울인다. 그들 중 다수가 자신의 아들이나 딸을 위해서 상담을 받다가 자신의 영재성을 발견하곤 한다. 어느 인터넷 이용자 여성이 다음과 같이 통찰력 있게 증언하듯, 이는 해방이요 새로운 발견이다.

"내가 남들에게 적응하는 일은 아직도 자주 힘겹고, 나는 나만의 세계 안에서 만족스러워하죠. 세월이 흐르면서 나는 그 안에서 나의 차이점을 받아들이고 나머지 시간에 남들에게 적응하는 법을 배웠죠. 내가 홀로 보내는 시간은 나 자신을 되찾는 데 무척 중요해요. 마음 깊숙이 나는 변하고 싶지 않기 때문이죠. 내가 느끼는 고통은 어제보다는 좀 더 참을 만해요. 나는 내 딸에게 관대해지려고 노력할 거예요. 사람은 경험을 통해서 배운다고 하지만, 나의 경우에 어떤 경험은 쓸모 있기보다는 힘겨웠을 뿐이고, 나는 내 딸이 그런 상황을 겪기를 바라지 않기 때문이죠."

게다가 영재인 어머니는 자녀를 올바르게 양육하는 일에 대하여 엄청난 책임감을 느낀다. 그녀가 지닌 극도의 예민함, 자기 자신과 타인에 대하여 지닌 높은 요구 수준, 배우고자 하는 강렬한 욕구, 또 높은 지적 능력 때문에 그녀는 가능한 한, 무슨 대가를 치르든 최고의 어머니가 되려고 생각할 수 있다. 영재 어머니는 임신을 감각적이기보다는 지적인 방식으로 체험하지만(임신 초기 몇 달 동안 이러한 경우가 많다), 그렇다고 자기 자녀에 대하여 엄청난 사랑을 느끼지 않는 것은 아니다. 그 강렬한 사랑이 좌절감(가령 그 사랑에 대한 응답으로 애정을 되돌려 받지 못하는 좌절감)으로 바뀌지 않도록 주의해야 할 것이다. 영재 어머니는 자신의 능력이 부족하다고 느끼고, 자신의 경험 부족이나 결점에 대하여 자기 자신에게 분노하고, 또 (이 모든 것을 느낀다는 데 대한) 죄책감을 느낄 수도 있다! 물론 그러한 양면적인 감정은 모든 여성에게서 찾아볼 수 있다. 하지만 영재 여성은 자신에게 무수한 질문을 던지며, 강렬함 때문에 서로 모순되는 여러 감정을 동시에 체험하기 쉽다.

잠재력이 높은 어머니는 자신이 새로 떠안은 어머니 역할과 그 역할이 지우는 책임감에 완전히 빠져들지 않도록 주의해야 한다. 자녀 교육에 열정을 쏟고, 자녀가 성장하는 모습을 관찰하고, 자녀가 하는 선택의 안내자가 되는 일은 확실히 그 자체로 대단하고 멋진 일이다. 하지만 뒤로 물러설 줄 알고, 자신이 기울이는 주의가 간섭으로 바뀌지 않도록 주의해야 한다. 자녀는 자유를 필요로 한다. 그들은 자기를 신뢰하고 자신이 거둔 성공을 누리기 위해서 자기 자신을 스스로 발견하고 스스로 선택하고자 하며 또 그럴 필요가 있다. 그들을 지나치게 관찰하고 돕는 일은 그들의 사기를 떨어뜨릴 수 있다. 아나톨의 어머니는 자기 아들의 성격이 나쁘다고 불평했다. 아들이 사춘기에 들어서면서 자기한테 끊임없이 말대꾸를 한다는 것이다. 그녀는 아들이 아무것에도 관심이 없고 주어진 재능으로 아무 일도 하지 않는다고 아쉬워하고, 아들이 좀 더 투지를 발휘하도록 가르치지 못한 것을 한탄하면서 결국 고삐를 놓았다. 2년 후에 그녀는 아나톨이 펜싱 경기에 참가해서 승리했다는 사실을 가족 중에서 가장 늦게 알게 된다. 영재인 어머니는 요구 사항이 지나치게 많을 수 있다. 그녀는 자녀가 성공해야 한다는 의무감을 느끼면 불안에 빠지고 그 때문에 능력을 제대로 발휘하지 못할지 모르며, 확실히 불행하다고 느낄 거라는 사실을 염두에 두어야 한다. 그 어머니가 통상적인 기준인 것도 아니다. 즉 그녀가 달성하려고 추구하는 목표가 모든 사람에게 적용되는 것은 아니며, 심지어 가끔은 그녀 자신에게도 적합하지 않다.

잠재력이 높은 어머니는 나중에 우울증에 빠지지 않으려면 자기 자신의 지적인 욕구도 충족시켜야 하며 자신의 욕구를 등한시해서는 안 된다. 그녀가 할 일은 자녀의 삶을 성공시키는 것이 아니라 자기 삶을 살아가는 것이다. 젊은 여성이 무슨 일이든 착수할 수 있는 우리 사회에서 이는 당연한 일처럼 보인다. 하지만 얼마 오래되지 않은 과거에 젊은 여성은 자신이 원하는 공부를 항상 자유롭게 계속할 수 있지 않았으며, 여자는 결혼하면 되지만 남자는 자리를 잡아야 한다는 생각에서 부모가 여자 아동보다는 그 남자 형제의 미래에 투자하겠다고 선택할 수 있었다는 사실을 기억해야 한다. 나는 엘로이즈의 이야기를 기억한다.

"내가 어렸을 때 사람들은 나의 영재성을 깨닫지 못했죠. 그런 이야기는 당시에 하지 않았어요. 중요한 것은 내가 완벽한 소녀가 되는 것이었죠. 나는 모든 일을 쉽게 잘 해낸 덕분에 반에서 일 등이었고, 어머니한테는 그게 중요했죠. 이제 와서 나는 깨달았어요. 나의 역할이 어머니가 살면서 겪어야 했던 부끄러움을 씻는 일이었다는 사실을요."

엘로이즈는 어머니의 심한 요구 때문에 고통받지 않았다. 그녀는 그런 상황을 누리기는 했으나, 그보다는 어머니가 좀 더 만족스러운 삶을 살기를 원했을 것이다.

잠재력이 높은 여성이 어머니에게 학대를 받았거나 제대로 돌봄을 받지 못했거나 어머니가 심하게 제대로 기능하지 못한 경우에, 학대하는 어머니가 될 거라고 걱정할 수 있다. 하지만 나는 그러한 경우를 보지 못했다. 반대로, 불행한 어린 시절을 보낸 영재 여성은 자녀 교육에 무척 열의를 쏟고, 자녀가 자신과 똑같은 고통을 겪지 않도록 무척 주의를 기울이기 때문에 좋은 부모가 되는 경향이 있는 것 같다. 그 여성들이 지닌 초민감성 때문에 자신이 겪은 도식을 다시 만들어내지 않는 것처럼 보인다.

잠재력이 높은 어머니는 잘하려고 신경을 쓰다 보니 (영재 여성이 완벽주의 성향이 있음을 잊지 말자) 자녀가 학교에서 구박이나 학대를 받으면 매우 적극적으로 반응할 수 있다. 그녀는 엄청난 에너지를 동원해서 자녀를 도우려 할 것이다. 어머니 본인이 학교에서 정신적 트라우마를 일으키는 상황을 체험한 경우라면 더욱더 그렇다.

마르그리트의 어머니는 저녁에 집에 와 보니 아홉 살짜리 딸이 울고 있었다. 담임선생님이 마르그리트한테 안 좋은 냄새가 난다고 생각해서 반 학생이 전부 줄줄이 그 아이 앞을 지나가며 머리 냄새를 맡아보게 한 것이다. 어머니는 학교가 떠들썩해지도록 소란을 일으키고 고소해서 결국 교사가 면직되게 만들었다.

모녀가 모두 영재면 무슨 일이 벌어질까? "내 딸은 나처럼 동시에 스무 가지 생각을 하죠…." 여자 영재 두 사람이 있는 경우에도 관계는 역시 복잡한데, 좋은 관계를 이루기 위해서 중요한 점은 마찬가지다. 파트리샤 들라에Patricia Delahaie가 설명하듯[3], 이해하고 서로 맞추고 사랑해야 한다. 자신을 돌볼 수 없던 우울한 어머니의 딸인 마리즈 바양Maryse Vaillant에 따르면 "딸과 안정적인 관계를 누리려면, … 자기 자신의 어머니와 지닌 문제를 해결해야 한다. 자신의 현 상태를 알고, 자기 딸을 자기 자신의 거울이 아닌 고유한 존재로서 받아들이는 일이 중요하다. 그리고 무엇보다 아버지가 없다 하더라도 아버지의 자리를 남겨 두는 일이 중요하다." 마리즈 바양은 이렇게 설명한다. "딸을 가지면 자기 자신을 돌아보게 되고, 동시에 그런 상황이 야기할 수 있는 온갖 경쟁심도 느끼게 된다[4]." 그 여성 심리학자는 자신의 경험에 비추어 말한다. 그녀는 홀로 딸을 키웠고, 딸이 사춘기를 거칠 때 매우 힘든 시기를 보냈다. 그들 모녀가 함께 쓴 책 『그녀와 함께 살기Vivre avec elle』는 관계가 어떻게 한 극단에서 다른 극단으로, 완벽한 일치에서 갈등으로 옮겨 갈 수 있는지 훌륭하게 묘사한다. 영재인 딸에게 어머니가 자기처럼 영재라서 좋은 점은 어머니의 체험을 참조할 수 있다는 사실이다. "내 딸은 똑같은 경험을 한 어머니가 있다니 운이 좋아요. 나는 그 애한테 내가 몸소 체험한 불안을 어떻게 극복할지 가르쳐 줄 수 있을 테니까요."라고 나의 여자 환자 중 한 명은 말했다. 또 다른 여자 환자는 자신이 원하는 바를 이렇게 표현했다. "만일 내 딸이 나의 아버지나 나와 같다면, 나는 그 아이한테 내가 겪은 똑같은 어려움을 물려주고 싶지 않아요. 나는 그 애가 자기 엄마가 강하고 자신을 책임지는 존재라고 느끼면 좋겠어요."

잠재력이 높은 어머니는 영재성의 어려움을 알고 있다. 어머니의 조언과 경험이 딸을 돕지는 못하더라도(왜냐하면 딸이 성장하는 시대에는 어머니가 겪은 것과는 매우 다른 고유한 어려움과 새로운 소통 및 교류 수단이 있기 때문이다), 딸의 말을 주의 깊게 들어줄 수는 있다. 또 영재가 지닌 능력과 다양한 지능을 알고 있으므로, 딸에게 알맞은 적절한 기대를 걸 수 있다. "나의 어머니는 항상 내게 많은 것을 기대했어요. 어머니도 영재 아동으로서 똑같은 능력을 지녔었거든요." 그 환자는 어머니에게 지나치게 압박을 받았다고 불평하지 않았다. 그녀는 자신이 가끔은, 다른 형제자매보다 학교 성적이나 다른 결과에 대하여 더 닦달을 받는 남자아이들과 같다고 느꼈다고 말했다. 다른 경우에는 딸에게 큰 기대를 걸지 않는다. 다른 영재 여성이 유머러스하게 다음과 같이 증언하는 것처럼 말이다. "우리 집안에서는 엄마가 보기에 가장 똑똑한 사람은 항상 아빠였죠. 그래서 나는 공부하는 것 말고는 특별한 압박을 받지 않았어요. 좋은 성적만 받아 오면 어머니는 만족해하셨죠."

# 친구 관계
:
## 우정을 관계 순위의
## 맨 아래로 밀어 놓았다

"영재 여성이라는 나의 정체성은 문제만 일으킬 뿐이죠. 특히 다른 사람들하고요. 우리의 관심사가 다르고, 그들과 마음이 통한다는 느낌이 안 들어요. 애정 관계에서는 남자 친구와 서로 이해하지 못하죠."

우정은 공유하고 서로 이해하는 데 있다. 그리고 모든 사람은 살아가면서 어느 순간에 친구와 우정을 나눌 필요를 느낀다. 영재 여성이 친구를 사귈 때 겪는 문제는 학교생활 초기부터 시작된다. 어째서 문제가 생길까? 자기처럼 생각하고 관심사가 같은 친구를 만날 가능성이 통계적으로 매우 적기 때문이다. 게다가 영재 여성은 자신이 다르다는 느낌 때문에 자기 또래 아동들과 우정을 나누려는 의욕이 별로 생기지 않을 수 있다. 영재 여자 아동은 자기보다 더 어리거나 나이든 아동과 관계를 맺는 경향이 있다. 더 어린 아동과 친해지는 이유는, 자기가 확실하게 누나나 언니 역할을 하면서 자기가 아는 것을 가르쳐 줄 수 있기 때문이다. 또 영재 여아는 더 나이든 아동에게서 자기와 비슷한 관심사나 자기 수준의 관계 능력을 알아본다. 영재 여아가 친구를 전혀 사귀지 못한다면, 영재 아동을 위한 기관을 찾아가 보는 일이 아동에게 큰 도움이 될 수 있다. 하지만 영재 여자 아동은 일반적으로 영재 남자 아동보다 외톨이가 되는 일이 적다. 에너지가 넘치고 야외에서 하는 놀이를 좋아해서 가끔은 자기 또래의 여자 아동보다 남자 아동과 더 쉽게 친해진다. 하지만 영재 여아는 권위적인 태도를 보이거나 자기가 사귄 남자나 여자 친구를 독점하려 할 수 있다.

영재 여자 아동은 주위 환경에 통합되려는 욕구가 강해서 개성이 부족할 수 있다. 본능적으로 거짓 자기가 발동해서 자신이 속하고 싶은 집단의 가치와 욕구를 자기 것으로 삼는다. "학교에서 나는 사회적인 카멜레온이었죠." 이러한 태도는 가식으로 느껴진다. 성인이 되면 사람들은 그러한 영재 여성을 '가식적'이라고 생각할 것이다. 영재 여성 본인도 자신이 맺는 관계에 만족하지 못한다. 그들은 공감 능력이 크기 때문에 주의 깊고 진실하고 전적인 친구가 될 잠재력이 크다. 한편 그들은 친구도 자기가 하듯 자기 말을 경청해 주고 자신과 감정을 나누기를 기대한다. 그런데 그들이 느끼는 감정의 강렬함을 친구가 공유하는 일은 드물다. 청소년기 끝무렵과 성인기 초기에 영재 여성은 친구 관계에서 매우 큰 실망감을 느낀다. 한편 이 시기는 그들이 자기 또래의 여자들과 (성숙도의 차이가 줄어들어서) 친해지기 쉬운 시기이기도 하다. 영재 여성은 한 사람에게 애착을 느끼며, 몇 달 또는 몇 년 후에 자신이 친구로 여긴 사람이 멀어지면 배신당했다고 느낀다. 영재 여성은 속내 이야기를 잘 들어주는 훌륭한 친구로서 친구가 어려움을 겪을 때 진정한 의미에서 공감해 주었을 것이므로, 상대방이 힘든 시기를 극복하자마자 자기를 저버렸다고 생각해서 그들이 느끼는 배신감은 더욱 크다. 영재 여성은 자신이 상처받기 쉽고 소유욕이 지나치게 강하다고 생각한다.

사람들은 흔히 영재 여성한테는 여자 친구가 없다고 말한다. 그럴 위험이 있기는 하지만, 그 말은 사실이 아니다. 사람들은 또 영재 여성이 다른 여성에 비하여 자신이 우월하다고 느낀다고 생각한다. 이러한 믿음은 여성 혐오적이며 근거가 없다. 잠재력이 높은 여성이 직장에서 성공하고, 선발시험에 통과하고, 한마디로 사람들이 보는 앞에서 자신의 잠재력을 발휘하면, 사람들은 그 여성에게 관심을 느끼며 다가서려 할 것이다. 하지만 그 여성의 다름은 경험이나 성공으로도 바뀌지 않았을 테다. 다른 사람들이 그녀에게 다가오므로 그 여성은 통합되기 위해서 특별히 노력을 기울일 필요가 없을 것이다. 하지만 그렇다고 그녀와 비슷하게 기능하면서 그녀의 행동 방식을 이해할 사람의 수가 더 늘어난 것은 아닐 테다. 게다가 나이가 들면서 영재 여성은 점점 더 많은 책임을 진다.

가족 중 한 사람을 돌보거나, 자기 가족을 주로 재정적으로 지원한다. "내 남편은 사업 계획을 세우고, 나는 그것을 지원하죠. 내가 받는 월급은 생활하는 데 반드시 필요해요." 그렇기 때문에 그 여성들은 시간이 적으며 자주 시간에 쫓긴다는 느낌이 들고, 중요한 일을 우선시해서 시간을 잘 분배해야 한다. 1911년에 시작된 잠재력이 높은 아동과 그들이 성장하면서 발달하는 양상에 관한 어느 연구(루이스 터먼Lewis Terman이 실시한 유명한 연구)[5]에서 관찰된 여성들은 친구 관계를 단단히 정착시키는 시기(30~40세)에 우정을 관계 순위의 맨 아래로 밀어 놓았다. 그 제일 순위는 일과 가족이 차지했다. 뛰어난 여성에 관한 연구들에 따르면, 직업에 전념하는 여성들은 대체로 한두 사람하고만 강한 관계를 맺거나, 친구 한 사람과 맺는 우정 또는 가족 중 한 사람과 맺는 관계로만 만족한다.

우정은 (사람이 마음을 열고 외부에 자신을 노출시키는 모든 상황이 그렇듯) 잠재적으로 고통을 불러일으킬 수 있지만, 그렇다고 몸을 도사리고 외부로 향하는 문을 닫아걸거나 보호막을 더 두껍게 만드는 것이 해결책은 아니다. 자신이 비사교적임을 당당히 내세우는 잠재력이 높은 여성이라고 더 행복한 것도 아니다. 그들은 직업적인 기회도 차단해버린다….

나는 새로운 유형의 고독과 영재가 겪는 고독을 다룬 책을 한 권 썼다[6]. 영재 여성은 남성과는 다른 고독감으로 고통 받는다. 어떤 책임이나 역할(자녀 교육, 병이 들었거나 어려움에 처한 가족 구성원에 대한 지지나 도움)이 그녀의 남자 형제나 남편에 비해 그들에게 더 많이 지워지기 때문에 영재 여성들은 가족들에게 둘러싸여 있으면서도 자주 외롭다. 그래서 나는 그들한테서 다음과 같은 말을 자주 듣는다. "타인이 지옥이죠." 뒤이어 그들은 이렇게 말한다. "나는 너무, 너무나 혼자예요." 그러한 고독에서 어떻게 벗어날까? 자기 자신을 알아가는 법을 배우고, 자신을 삶의 중심으로 맞춘 다음에, 자신을 확장해 다른 사람들에게 반드시 다가서야 한다. 넘어서야 할 첫 번째 단계는 일단 불평하기를 멈추고, 다른 사람들이 당신에게 맞추어 주지 않는다고, 발 빠르지 않다고 비난하는 일을 멈추는 것이다. 그들을 비난해 봐야 결국 아무 소용이 없다. 당신이 다른 사람들과 맺는 관계를 전체적으로 개선하려면 당신에게서 바꿀 수 있는 것을 바꾸려 하고, 조금 더 친절해지고, 무엇보다 즐거운 만남의 기회에 자신을 열어 두는 편이 낫다.

친구 관계에서 당신이 사귀고자 하는 사람들에게 굳이 인내심을 발휘할 필요는 없다. 모든 사람에게 다가서려 노력할 필요도 없다. 당신은 잘 선택해야 하고, 일단 관계를 맺기 시작하면 그 사람이 당신과 우정을 맺을 가치가 있는 사람인지 잘 살펴야 한다. 그 사람이 자기 말만 하는가? 당신이 하는 말, 당신이 좋아하는 것, 당신이 하고 싶은 것에 귀를 기울이는가? 만일 그에 대한 대답이 '아니오'라면, 그 사람의 우정을 구하려고 더 이상 에너지를 낭비하지 말라. 영재 어른의 경우에는 잠재력이 높은 사람이 반드시 이상적인 친구인 것도 아니다. 영재는 사고하는 방식을 공유할지는 모르지만, 느끼는 방식, 사회에서 보이는 반응, 가치, 믿음, 관심사가 서로 다

를 수 있다. 또 당신과 비슷한 사람이 당신과 똑같은 기질과 소통의
결함을 갖고 있을 위험도 있다….

# 애정 관계

:

# 특별히 더 '부유'하고
# 유력한 남자를 찾지 않는다

## 섹슈얼리티

성적인 이끌림이 커플을 이루는 원동력 중 하나이므로 이 지점에서 시작하자! 여성에게 영재성과 연관된 성적 태도가 존재할까? 아니다. 심리치료사로서 나의 임상 경험에 따르면, 영재 여성은 이 점에서 특수한 문제를 겪지 않는다. 나에게 상담을 받는 영재 여성이 성적인 좌절감을 호소하는 경우는 드물다.

남자들은 타인에 대한 사랑의 감정을 평가하는 데 있어서 섹스를 가장 중요한 요인으로 간주하는 경향이 있다고 한다. 어느 여자가 자신과 섹스하며 쾌감을 느끼면 자기를 사랑한다는 것이다. 여자는 남자가 자기를 사랑하는지 여부를 말로 가늠하는 경향이 있다. 그 남자가 자신의 내밀한 속 이야기를 하는가? 말하기를 좋아하는가? 이는 곧 나눔이다. 잠재력이 높은 여자가 다음과 같이 생각할 위험이 전혀 없는 것은 아니다. "그 남자가 자기 애정을 나와 똑같은 강도로 표현하지 않으니까, 그건 그가 나를 사랑하지 않는 거야." 이런 여성은 자신이 절대적인 것에 대한 갈망 때문에 애정 관계에서 위안과 인정을 받고자 요구하고, 장기간 관계를 지속하고자 하며, 동반자가 자신에게 보이는 애정의 증거에 만성적으로 불만족스러워한다는 점을 염두에 두어야 한다. 그러한 여자들이 불안스럽게 느끼는 이러한 불만족을 잘 견뎌내려면, 자신이 느끼는 감정의 강렬함이 일반 사람이 느끼는 감정의 표준은 아니라는 사실을 기억해야 한다.

영재 여성 동성애자의 경우, 사랑하는 감정을 가늠하는 데에 중요한 것은 경청과 말이다. 서로에게 말하는 내용이 무엇보다 중요하다.

이성애자와 동성애자의 비율은 보통 지능을 지닌 여성과 영재 여성에게서 거의 비슷하다. 내가 만난 어떤 젊은 여성은 초민감함 때문에 여자들을 성적 상대로 만나기 시작했다. 즉 자신이 그러한 성적 기호를 선택했다는 사실을 잘 기억하고 있었다. 그녀는 이에 관하여 이렇게 말한다. "나는 내가 이성애자인지 동성애자인지 모르겠어요. 청소년기에 여자애들한테 끌린다고 생각했죠. 지금은 여자한테는 감정적으로 끌리고 남자한테는 성적으로 끌린다고 생각해요." 하지만 이는 특수한 경우로서 일반화할 수는 없다. 하지만 성적인 기호는 나를 찾는 40대 미만인 여자 환자들이 가끔 거론하는 주제다. 이는 '젠더' 문제가 뉴스에서 자주 다루어지고, 동성애 관계가 예전에 비하여 덜 금기시되기 때문일 수 있다. 34세인 어느 여성 환자는 이에 관하여 나에게 글을 써 보냈다.

"어린 시절 친구들은 (심지어 내 남자 형제까지도!) 차례차례 내가 동성애자라고 확신했다고 나에게 털어놓았어요. 그들은 모두 내가 언젠가 커밍아웃을 할 거라고 생각했대요. 정말 충격이었죠. 대체 왜 그렇게 믿었을까요? 나는 전혀 새침한 스타일이 아니었어요…. 어쩌면 내가 밖에서 놀 때 그 애들보다 더 무모하게 나댔던 것 같아요. 어쩌면 내가 사내아이 같은 여자애라고 생각했을지 모르죠…(그랬다면 오히려 내 기분이 더 좋았을 걸요). 나는 친구들이 나를 동성애자라고 의심했다는 사실을 알기 전에도, 여자가 나한테 은근히 관심을 보일 때마다 내가 양성애자인지 생각해 보곤 했죠. 하지만 전혀 아니었어요. 여자한테 마음이 흔들린 적은 한 번도 없거든요. 그러니 내가 노는 방식과 내가 하는 농담, 관심사, 내가 보이는 반응이 그들이 보기에는 여자한테 어울리지 않았던 거죠. 게다가 나는 예뻤는데 남자 친구들한테 공주처럼 굴지 않았어요. 그러니 나는 레즈비언이라는 거였죠. 지금까지도 어떤 친구가 나한테 그런 말을 하면, 나는 나의 성적 기호에 대해서 심각하게 의문을 제기하게 되요."

사라의 독특함에 친구들은 당황한다. 사라는 여자가 으레 하듯 행동하지 않기 때문에 남자들을 주눅 들게 만들고… 그렇기 때문에 그녀가 내보이는 신호들은 충분히 성적이지 않다. 사라는 성적 파트너를 구하는 데 어려움을 겪은 적은 없지만, 항상 자기가 먼저 나서야 했다. 실제로 영재 여성은 구애 과정에서 여성에게 주어진 역할을 제대로 해내지 못할 수 있다. 그리고 이러한 점을 남들이 그녀에게 은근히 또는 직접적으로 비난할 수 있다.

## 독신

"다음 주에 나는 아기를 시험관 수정하러 외국으로 떠나는데, 이런 생각이 들어요. 왜 나는 혼자지? 왜 나는 이 아이를 혼자서 가져야 하지? 하지만 나는 내 자식의 아빠가 될 사람을 마냥 기다리기에는 나이가 너무 많아요. 지금이 아니면 영영 못 할 거예요."

나의 여자 환자들은 사랑하는 사람을 만나지 못해서 느끼는 고독감, 평생의 동반자를 구하는 데에서 겪는 어려움을 자주 토로한다. 이는 엄연한 사실이다. 사회학 연구들에 따르면, 대학원 이상의 학위를 지닌 여성 가운데 독신이 더 많다. 영재 여성의 경우, 그들의 특수한 사고방식과 태도 때문에 독신으로 지내는 시기가 길어지기 쉽다. 그들은 자신이 이상하다는 느낌 때문에 스스로 고립되려 한다. 자신이 세상에서 배제되어 있으며 극도로 다르다고 느끼기 때문이다. 그래서 심지어 자신을 '자연의 실수'로 간주하기도

하고, 결국 주위 환경에 통합되리라는 희망을 저버린다. 영재 여성은 가끔 우울감에 빠지고, 자주 이해받지 못한다고 느끼며, 다른 사람들과 공유하는 것이 거의 없다고 여기면서 많은 시간을 홀로 보낸다. 그러다 보면 사회관계 경험이 부족해져서 자신이 서툴다는 느낌과 불안감이 생긴다. 어떤 특정한 상황에서 느끼는 불편한 감정 때문에 그들은 자신의 마음에 들지도 모를 만남의 기회를 제공해 줄 활동을 피하게 된다. 그런 악순환에서 벗어나려면, 일단 거기에서 벗어나기를 스스로 원해야 한다. 그런 다음에, 어쩔 수 없다고 믿기를 멈추고 마음가짐을 바꾸어야 한다. 우리가 믿는 것은 감정적인 문제에 엄청난 영향을 미친다. 그러한 믿음들은 감정적인 문제를 더 악화시키거나(제한하는 믿음) 해결해 줄 수 있다. 만일 당신이 평생 홀로 살 거라고 확신한다면, 그렇게 될 위험이 크다. 하지만 자신에게서 그 어떤 약점을 발견하더라도 그 약점 때문에 불행한 상황에 고착되어서는 안 된다. 감정적인 어려움, 고통은 언제든 바뀔 수 있는 어떤 상황을 받아들이는 당신의 민감함 때문에 생기는 반응이다. 당신의 주의를 감정적인 문제로부터 멀리 돌리는 일부터 시작하라. 당신이 혼자라고 스스로 반복해서 말하기를 멈추라. 그런 다음에 용감히 나서라. 평소에 바둑을 배워 보고 싶었는가? 참고서와 온라인 바둑은 그만두고, 바둑 모임에 직접 가보라. 평생의 동반자를 찾아내는 데에 어떤 기적 같은 방법이 있는 것은 아니지만, 영재 여성의 경우에는 자신이 흥미를 느끼는 지적 활동을 할 수 있는 장소에 자주 가면, 자신의 잠재력에 부합하는 누군가를 만날 확률이 높아진다.

또 다른 태도들도 애정 유희를 방해할 수 있다. 격한 반응을 보이는 것, 단도직입적인 태도, 지나치게 솔직한 말이 '분위기를 깰' 수 있다. 어린 시절 이후에도 계속 유지되는 지나친 민감성과 흥분성은 그보다 덜 민감하거나 반응을 덜 강하게 보이는 파트너에게 견디기 힘들 수 있다. 끝으로, 똑똑한 여자의 지적인 우월함이 커플 내 힘 관계에 불균형을 초래할 때 파트너가 거북한 상황에 놓일 수 있다. 민첩한 분석력, 빠르게 종합하는 능력, 뛰어난 기억력 등은 사람들이 보통 불쾌하게 느끼는 열등감을 불러일으킨다. 그래서 거북함 또는 갈등이 생기고, 그러다 보면 자연히 오래 가지 않는 관계만 줄줄이 이어진다. "나는 남자들하고 운이 없어요. 두 달 넘게 관계가 지속된 적이 없죠."라고 22살 클로에는 한탄한다.

영재 여성이 독신인 데에는 외부적인 이유도 있다. "여자는 똑똑하려면 자신의 신비로움을 희생시켜야만 한다."라고 19세기 말에 폴 클로델Paul Claudel은 썼다. 남자는 여자를 낮게 평가하고 그들의 지적인 능력을 부정하려 애쓰면서, 그래도 생명을 낳는 능력은 제거할 수 없는 여성적인 존재에 대하여 환상을 품기에 이르렀다. 그래서 키르케고르나 몰리에르, 지적인 많은 남자, 특히 시인들이 보기에, 여자는 매력적이려면 그러한 신비로움을 키워야 했다. 이성적으로 생각하고 남자들이 이해할만 한 것은 여성의 매력을 없앴다. 사고방식이 얼마간 바뀌긴 했지만, 똑똑한 여자에 대한 경계심은 무의식적으로 계속 남아 있다. 『성격과 사회심리학

회보Personality and Social Psychology Bulletin』 2015년 11월호에 실린 어느 연구에서는 젊은 남자가 자기보다 지능 지수가 높은 여자에게 어떤 태도를 보이는지 관찰했다. 남자들은 대부분 그 여자들을 만나보고 싶다고 말했지만, 실제 만났을 때에 자기보다 지능 지수가 낮다는 사실을 아는 여자들을 대할 때보다 그 여자들에게 신체적으로 더 신중하게 접근했다. 즉, 자기 의자를 더 멀리 두었다…. 이는 잠재력이 높은 여자들이 일반적으로 불평하는 사항으로서, 그들은 자기가 남자들에게 겁을 주는 것 같다고 생각한다. "'영재 여자'라는 말이 특히 남자들한테 겁을 주고, 우리가 거만하다는 인상을 주죠. 사실 우리는 대체로 절망에 빠져 있는데 말이에요. 그런데 그런 이야기를 하면 더욱 고립되죠."

'지배하는 남자, 순종하는 여자'라는 고정 관념은 여전히 존재한다. 대다수는 거기에 자신을 맞추지만, 똑똑한 여자는 그런 생각을 받아들이지 못한다. 그래서 그녀는 어쩔 수 없이 남자의 남성다움을 위태롭게 만든다. 여성의 똑똑함에 알레르기 반응을 보는 어떤 남자는 2014년 9월 27일에 인터넷에 긴 글을 올렸는데, 그 제목은 '어째서 남자는 똑똑한 여자를 싫어하는가?'이다.

"똑똑한 여자는 온갖 결함을 동시에 갖고 있기에 남자한테 세상에서 가장 고약한 존재다. 하지만 최악은 똑똑한 여자가 무엇보다 스스로 똑똑하다고 믿는다는 사실이다. 사실 그런 여자는 대체로 여자만이 지닌 마음상태, 즉 연약한 수용과 신뢰를 보일 능력이 없다. 그런 여자는 남자가 자기 몸 때문에 자기랑 함께 있다는 사실을 모르는 것 같다. 그런 여자는 남자하고 동등하게 논리적인 대화를 나누려 하지만, 남자는 그 점에서 여자를 항상 능가할 것이다. 여자가 자기가 능력이 있다고 고집스레 믿으면서 계속 그러면 오히려 자기 가치를 떨어뜨린다. 그러니 똑똑한 여자는 극도로 가소로운 여자다. 그런 여자는 대체로 거만하며, 자신의 똑똑함이 살아가는 데 도움이 될 거라고 확신하는 순간에 가족에게 짐이 될 것이다. 똑똑한 여자, 특히 현대의 똑똑한 여자는 자기 일과 가족 사이에서 무엇을 선택할지, 즉 자기한테 더 편하고 자기를 돋보이게 만드는 것을 선택할 게 뻔하기 때문이다. 그런 일이 감정적이고 가족적인 인간관계의 틀 안에서는 이루어질 수 없을 테니, 그런 여자랑 가깝게 지내는 모든 남자는 그런 여자 중 한 명이랑 관계를 시작하기에 앞서 동성애자가 될지 심각하게 고민할 것이다. 바로 이런 이유 때문에 똑똑한 여자는 다른 여자보다 더 자주 독신으로 남을 것이다. 동성애 성향을 지닌 남자는 우리 사회에서 아직 극소수니까."

   이런 식의 글이 10여 페이지에 걸쳐 이어지는데, 거기에서 그 글을 쓴 남자는 "똑똑한 여자는 인류에게 아무것도 가져다주지 않는다."라고 단언하고, 그런 여자가 "가족에게 짐"이고 "자신의 정서적 능력을 넘어서서 살아"가며, "자식도 남편도 절대로 가져서는 안될 것"이고, 그런 여자는 "자신의 나약함을 인정하는 법을 배워야 할 낙오자"라고 말한다. 한마디로 그 블로거와 그의 글에 동조하는 팔로워들에게 똑똑한 여자는 하급 인류에 불과하다.

이러한 말을 남자 대다수가 공유하는 견해로 간주해서는 안 된다. 하지만 이 말은 우리 사회에서 (잠재력이 높은 남자가 처한 상황에 비하여) 영재 여성이 처한 특수한 상황을 드러낸다는 점에서 의미가 크다. 여성의 지능이 이른바 우수한 성별이라는 남성에게 계속해서 겁을 준다는 사실은 확실하다.

집단적인 상상 속에서는 영재 여성이 자기처럼 영재인 남성하고만 사귀거나 함께 살거나 결혼하려 하므로 거세 콤플렉스를 일으킨다는 신화도 판을 치면서 영재 여성에게 부정적인 영향을 미친다. 이는 더없이 근거 없고 터무니없는 편견이지만, 이러한 편견은 남자들이 똑똑한 여성을 나쁘게 판단하게 만든다. 이렇게 판단하는 것은 곧 지능과 감정이 양립불가능하다고 주장하는 일이다. 그러다 보면 감정적인 여자는 곧 바보고, 똑똑한 여자는 마음도 정신도 차가운 존재라는 극단적인 생각에 이른다.

이러한 편견을 극복하는 일이 잠재력이 높은 여성에게 쉬운 일일까? 사실 이는 가장 깊이 뿌리박힌 편견 중 하나다. 이런 편견 역시 태곳적부터 존재해 온 남녀 사이의 어떤 관계와 그들이 서로를 인식하는 방식이 띠는 비이성적인 측면과 맞닿아 있기 때문이다. 이러한 대결은 남녀에게 모두 즉각적인 반응을 불러일으킨다. 하지만 여기에도 역사적인 내력이 존재하며, 그 역사를 연구함으로써 문제를 더 잘 파악하고 그 문제를 해결할 방법을 찾아낼 수 있을지 모른다.

이탈리아의 여성 철학자 루이사 무라로Luisa Muraro는 1996년에 발표된 매우 풍성한 글에서 "여성적인 (즉 여성의) 생각의 일부는 한편으로는 직접 체험, 또 다른 한편으로는 논증적이거나 이치를 따지는 지식 사이에서 논쟁을 불러일으켰고 계속해서 논쟁거리다."라고 지적한다[7]. 그런데 여성이 자신이 아는 분야에 대하여 기술한 체험들은 그것이 과학 분야든(민간 치료사, 약초 전문가, 산파), 신에 관한 것이든(잔 다르크나 시에나의 카타리나, 아빌라의 테레사, 폴리뇨의 안젤라 같은 위대한 여성 신비주의자들), 체계화된 세계의 한계를 넘어서면 분야를 막론하고 입법자들 대다수의 지탄을 불러일으켰다. 그리하여 무라로에 따르면 17세기와 18세기에는 여성이 실천하고 전수한 마법-과학 문화가 의도적으로 탄압되었다. 아그리파 폰 네테스하임Agrippa von Nettesheim, 파라켈수스, 잠바티스타 마리노Giambattista della Porta는 마녀의 지식을 예찬했다는 이유로 사회질서의 적으로 판단되어 앞선 여성 신비주의자들과 똑같은 운명을 맞는다. 그와 동시에, '허가되지 않은' 인물들은 지식의 영역에서 배제되었는데, 그들은 보통 여자였다. 루시아 무라로는 살아있는 매개를 근거로 삼아 진리라고 알고 있는 것과 법전화 된 매개를 근거로 삼아 진리라고 알고 있는 것 사이에 (부인되기는 하지만) 여전히 갈등이 존재하며, 여성적인 생각이 예전이나 지금이나 그러한 갈등에 사로잡혀 있다는 가설이 매우 신빙성이 높다고 주장한다.

　　직접 체험된 경험에 의한 지식, 그 살아있는 매개는 (영재에게서 매우 강하게 보이는) 직관의 한 형태와 연관될 수 있으며, 법전화 된 사고의 경로로는 제대로 파악되지 못하는 경우가 많은데, 그러한 지식은 탄압받지는 않을 때라도 남자들에게 항상 심한 경계의 대상으로 여겨졌다. 그러한 반감은 잠재력이 높은 여성들을 대상으로 다시 강하게 발휘된다.

그 여자들이 기준을 너무 높이 잡는 것일까? 모든 사람과 마찬가지로, 똑똑한 여성이 겪는 어려움은 매력적이면서도 지적으로 자극을 주는 누군가를 찾아내는 일이다. 특히 상대방에게 찬탄할 필요가 있는 관계에서 파트너를 지루하게 느끼는 것은 잠재력이 높은 사람이 흔히 겪는 위험이다. 하지만 그렇다고 똑똑한 여자가 자기보다 지능 지수가 낮은 파트너와 커플을 이루어 지내면서 행복할 수 없을 거라고 결론을 내려서는 안 된다. 또 영재 여성은 (지능 지수와 상관없이) 고등 교육을 받지 않은 남자와도 행복하게 살 수 있다. 여러 여성 환자가 신뢰와 교류, 대화를 우선시한 두 번째 혼인이나 두 번째 관계에서 행복을 발견했다고 나에게 고백했다.

잠재력이 높은 여성 대부분은 남들보다 특별히 더 '부유'하고 유력한 남자를 찾지 않는다. 그것은 곧, 정의와 진정함을 갈망하는 것이 영재들의 특성이며 따라서 그들은 불평등과 부당함, 전반적으로 무관심한 모습에 고통 받기 쉽다는 사실을 말해준다. 잠재력이 높은 어른의 양심은 보통 이상주의적인 성향을 띤다. 따라서 잠재력이 높은 여성은 커플 관계에서 은행 계좌보다는 말없이 뜻이 통한다는 강한 느낌과 나눔, 풍부한 대화를 기대한다.

# 부부 생활

:

## 행복은 지능 지수가 같은 데에 기초하는 것이 아니다

모두가 알고 있듯이 두 사람이 함께, 또 가족을 이루어 사는 일에는 항상 조정이 필요하며 위기가 없을 수 없다. 잠재력이 높은 여성이 맞닥뜨리는 어려움은 무엇일까?

### 길러야 할 관계 지능

사랑하는 연인들은 금세 일상에 발목을 잡힌다. 관계가 일단 정착되고 나면, 영재 여성은 자신의 결점에 조심성을 덜 기울인다. 그래서 자신만의 고유한 버릇이 다시 나타나는데, 가령 참을성이 없는 태도가 그 예로서 그 때문에 비판하거나 냉소적인 말을 하게 되고 짜증을 내며 화를 낼 수 있다. "그 기계가 어떻게 작동하는지 더 이상 모르겠어? 그럼 구글한테 물어보든지!" 그렇게 말하면서 불평을 하거나, 물건들이 어디에 있는지 다시 설명하기보다는 자기가 직접 하는 게 낫다고 결론을 내리고 직접 나선다. 이런 참을성 없는 태도는 또한 그 여성으로 하여금 파트너가 노력하는 부분을 과소 평가하게 만든다. 그래서 자신이 원치 않아도 거만하다는 느낌을 준다.

일반적으로 영재가 보이는 또 다른 나쁜 습관 하나는 무슨 일이 있어도 자기 생각이 옳기를 바라는 것이다. 잠재력이 높은 여성은 적어도 자신의 전문 분야에서는 자신이 어떤 문제에 대한 정답을 알고 있다고 확신하기 때문에 자기 관점을 끈질기게 옹호하며 자기가 이기거나 파트너가 좌절해 포기할 때까지 계속해서 논거를 들어가며 자기주장을 할 수 있다. 이러한 태도는 초기에 연애할 때에는 자극제였을지 모르지만, 일상을 지치고 피곤하게 만든다.

잠재력이 높은 여성은 자신의 영재성을 무슨 상패처럼 흔들어대거나 이기적인 태도를 보이고 자기 생각을 남들에게 강요하는 열쇠로 간주해서는 안 된다. 경청하고 질 높은 의사소통을 하는 데에 신경을 써야한다. 두 사람이 함께 행복해지는 일은 지능 지수가 같은 데에 기초하는 것이 아니라, 여러 지능이 각자 여러 (인지적, 관계적, 창조적, 감정적 등) 형태로 만족스럽게 기능하는 데 있다. 동반자를 자신과 동등한 존재로 대해야 한다. 이런 태도가 훌륭한 관계를 보장한다. 상대방을 속속들이 잘 안다는 원칙에서 시작하지 않기, 상대방이 할 말이나 그의 생각이 어떤 결론에 이를지 미리 안다는 핑계로 상대방의 말을 끊지 않기, 상대방에게 성급하게 조언하지 않기. 배우자는 시간이 흐르면서 변한다. 그를 자기가 그에 대하여 하는 생각 속에 가두어 두면 결국 헤어질 수 있다.

끝으로, 잠재력이 높은 여성은 부부 관계에서 언어 표현 공간을 독점하지 않고, 오히려 홀로 보내는 시간을 필요로 한다. 많은 영재 여성은 자기 자신을 위한, 오로지 자기만을 위한 시간을 가질 필요가 있다고 말한다. 이는 다방면으로 활동하는 (자녀와 가정, 일 사이를 오가는) 삶 때문에 완전히 소진되는 번아웃burn-out 상태를 피하기 위해서라기보다는, 자신의 중심을 다잡고 지능 지수와 아무런 관계없는 영적인 지능을 탐색하기 위해서다. 아무도 없는 그러한 순간에 영재 여성은 극단적인 태도와 완벽주의, 흥분성을 보이게 만드는 현대의 삶이 강요하는 절대적 명령들과 거리를 둘 수 있을 것이다. 그녀는 핵심적인 것, 다시 말해서 인간으로서 자기 자신의 본질을 되찾는다. 그러한 순간은 그녀가 배우자에게 제자리를 되돌려 줄 수 있게 만들기 때문에 중요하다. 배우자는 그저 나와 다른 존재가 아니라, 그의 말을 귀 기울여 들어야 하며 그 자체로 사랑받을 필요가 있는 존재로서 간주될 것이다. 그러는 한편 영재 여성은 파트너가 거부당한다고 느끼지 않도록 자신이 그렇게 혼자 시간을 보낼 필요가 있음을 상대방에게 말로써 표현할 수 있어야 한다. 떠안은 책임이 얼마나 되느냐에 따라서 그러한 욕구를 충족시키기 어렵거나 불가능해 보이면, 각자 번갈아 짧은 휴가를 보내는 일도 가능하다.

## 강렬함

잠재력이 높은 여성이 자신의 다름을 이해하지 못하는 동반자와 함께 살아가는 경우가 있다. "나는 남편을 안심시키느라 삶을 다 보냈죠. 우리 부부와 가족 내에서 사람들은 아들과 내가 별난 존재라고 말하죠." 그토록 근본적인 몰이해가 어떻게 건강하고 안정적인 관계를 만들어낼 수 있을까? 영재 여성의 강렬함은 부부 관계에서 매우 큰 문제다. 그러한 강렬함이 우선순위와 욕구, 기분에 있어서 괴리를 야기하기 때문이다.

그녀가 행동해야 하는 절박함, 그녀가 생각하는 것과 그녀의 존재 이유가 되는 것을 이루어내려는 다급함 역시 동반자와 어긋나는 지점일 수 있다. "남편은 내가 지닌 여러 관심사를 이해하지 못해요. 그는 내가 사회생활을 하는 데 제동을 걸죠." 잠재력이 높은 여성이 자기 직업에서 뛰어난 능력을 발휘하고 일에 열정을 쏟을 때면 동반자를 소홀히 할 수 있다. 이러한 다급함은 영재가 스스로 선택해서 생긴 결과가 아니라 영재가 타고난 존재 방식의 결과임을 알아야 한다.

"요즘 나는 조각을 하고 싶어요. 머릿속에 그런 게 있으면 그게 밖으로 나와야 하죠." 이는 변덕을 부리는 것이 아니다. 어떤 타고난 본성이다. 그것은 아무리 쫓아내 보아야 금세 되돌아온다. 영재 여성의 비극은 자신을 뒤늦게 발견한다는 사실이다. 우리 자신의 존재와 일관된 선택을 하려면 일단 자기 자신을 알아야 한다. 영재 여성이 자신의 상태를 모른다면, 자신의 배우자, 즉 일반적인 규범과 비교하면서 자기 자신에게서 잠재력이 아닌 비정상적인 특성을 보게 된다. "나는 강렬하게 살아가는데, 남편은 나와 같지 않아요. 나는 '내가 미쳤구나.'라고 생각했고 나의 잠재력을 전혀 개발하지 않았죠."

영재 여성은 가끔 무척 다양한 활동에 몰입하는데 그 열정과 강도는 (특히 그런 활동이 가족에게 피해를 입힐 때) 좌절감과 분노를 야기할 수 있다. 영재 여성들은 관계 초반에 "너는 열정이 많아."라는 말을 듣는데, 여기에는 은근한 비판이 담겨 있다. 뒤늦게 사춘기를 거치면서 아직도 자기 자신을 탐색 중이거나, 부부 관계에서 도망치려는 배우자로 간주되는 것이다.

"나는 멈출 수가 없어요. 이것을 탐색했다 저것을 탐색하죠." 잠재력이 높은 여성이 어떤 열정을 발견할 때 흔히 그러듯 지쳐서 나가떨어질 때까지 일하지 않을 수 없다면, 누군가와 진지한 관계를 맺기 위해서 자신에게 그러한 경향이 있음을 상대방에게 반드시 알려야 한다. 그들은 일벌레나 '일 중독자'가 아니다. 그들은 열정에 찬 여성들이다.

끝으로, 강렬함이 파트너와 일심동체가 되려는 욕구로 표현되는 경우도 있다. 그런 여성은 절대적인 것을 갈망하며 파트너가 자신의 모든 욕구(지적, 감정적, 정서적 욕구)를 충족시켜 주기를 기대할 수 있다. 그녀의 욕구는 끝이 없고 세상에 대한 호기심은 마를 줄 모르므로, 배우자가 지적으로 그것을 감당할 수준이 되든 안 되든 그가 느끼는 압박감은 대단하다. 멀리 여행하려는 자는 자신이 타는 말을 아끼는 법이다….

## 부부 간의 경쟁 또는 알력 관계

영재 여성과 영재가 아닌 배우자 사이에 생기는 거북함은 이따
금 직업 경력을 비교하는 데에서 생긴다. 자신의 높은 잠재력을 활
용하려는 여자는 빠르게 높은 지위에 다다를 수 있다. "나는 직업
적으로 빠르게 발전했죠. 스물여덟 살에 이미 여러 번 승진했어요.
남편은 그러지 못했고요. 그런 상황은 그에게 힘들었죠."

그러한 간극을 관계가 시작될 초기에는 예측할 수 없다는 데에
서 어려움이 생긴다. 하지만 배우자가 지배-피지배 도식을 중시하
는지는 예측해 볼 수 있다. 상대방이 여성 배우자의 성공이나 월급
을 자신과 비교해야만 직성이 풀린다면, 관계는 재앙으로 치닫는
다. 영재 여성이 자신을 활짝 꽃피우는데, 남편은 불행히도 돈을 많
이 못 번다면 그는 불행하게 느낄 것이다. 대화는 거칠어지고 관계
는 악화될 것이다. "남편은 자기 자신을 증오하고 그 증오를 나한
테 발산하죠. 내가 하는 모든 말에 거친 단어를 써 가며 반박해요."

여자가 배우자와 함께 사는 도중에, 가령 자녀를 진단 받게 하면
서 자신의 잠재력을 발견할 때, 그 새로운 발견 때문에 주위 사람들
이 그녀에게 공격적으로 반응할 수 있다. 상탈은 자기 자신에 대하
여 발견하는 것들, 자신이 평생 장애라고 여겨 온 것에 대한 설명을
남편과 나누고 싶지만, 그는 주저한다. 남편은 이야기하기를 피하
거나, 말하기를 거부하거나, 입만 열면 아내를 깎아내린다. "요즘

에는 눈에는 눈, 이에는 이죠."

환자들을 상담하며 알게 된 사실은, 이혼하거나 결별하게 된 이유 대부분이 잠재력이 높은 여자의 배우자가 아내와 경쟁한다고 느꼈기 때문이라는 것이다. 그래서 여자가 원치 않았어도 결국 지배-피지배 애정 관계가 형성됐다.

끝으로, 부부 간의 경쟁 관계가 자녀가 태어나면서 생기는 경우도 있다. 부부 관계에서 잠재력이 높은 여자가 겪는 어려움의 이유 대부분은 자녀 교육 분야와 연관된다. 남편은 아내가 알 수 없는 이유로 아내의 말을 정면에서 반박한다. 여자가 하얀색이라고 말하면, 남편은 검은색이라고 대답한다. 그런 식으로 마리는 남편이 네 번째 자식이라도 되는 양 견뎌내야 하는 존재고, 그가 도무지 자기를 이해하지 못한다는 인상을 받는다. "이상한 것은, 남편이 정면으로는 반대하지 않는다는 거예요. 아이들을 통해서 내 말을 반박하죠. 단둘이 그 문제에 대해서 말할 때면 나는 아들한테 훈계하는 느낌이 들어요."

## 존재론적인 우울

자기 삶에 어떤 의미를 부여하려는 것은 영재 여성이 지닌 특징 중 하나인데, 이에 대해서는 나중에 다시 말하겠다. 의미를 필요로 하고, 활동적이며, 어떤 목표를 향해 나아가는 삶을 영위하려는 욕구 때문에 우울한 시기를 겪고 소외감, 환멸이 올 수 있으며, 이는 가끔 절망에 가까운 느낌을 준다. 그러므로 그 여성들이 영재 여성의 특수성을 알고 있는 치료사와 이야기를 나눌 수 있어야 한다. 결혼이나 이성 교제 관계에서 영재 여성은 자신이 느끼는 것을 말하지 않을 수 있다. 자신이 이해받지 못할 거라고 생각하기 때문이다. 그러면 커플 관계는 위기에 처한다.

다시 한 번 말하지만, 영재 여성이 자신이 영재임을 아는 일이 중요하며 반드시 필요하다. 영재 여성을 공포에 빠뜨리는 다르다는 느낌, 초민감함, 자신과 주변 사람들을 모두 당황스럽게 만드는 나뭇가지 모양으로 뻗어가는 사고방식에 어떤 이름을 붙이려면 영재 여성이 진단을 받을 수 있어야 한다. "지금 나는 내가 미친 것이 아니라, 단지 다르다는 사실을 알지요."라고 어느 인터넷 이용자 여성은 적었다. 이 사실을 아는 것에서 시작하여 그 정보에 비추어 자신이 겪어 온 고통을 돌이켜 봄으로써 영재 여성은 자신을 다시 구축하고 살아오는 내내 산산 조각난 관계들을 회복할 수 있을 것이다. 자신과 다른 사람들이 어떤 존재인지 아는 순간부터 유익한 회복 작업을 시작할 수 있다. 자신의 차이를 잘 이해함으로써 영재 여성은 그 차이를 강점으로 만들고, 타인에게 더 잘 신경 쓰는 법을 배울 수 있을 것이며, 이로써 충만한 관계를 맺을 가능성이 생긴다. 영재 여성이 자신이 필요로 하는 것이 무엇인지 알고 이를 표현할 때, 그녀의 결혼 생활은 행복해진다.

## 거짓 자기

"나는 자신감이 무척 부족해요—직업적인 면에서는 아마도 조금 덜 할 거예요. 하지만 다른 관계들에서는 내가 사랑받을 능력이 있는지 신뢰할 수 없죠."

애정 관계에서 가장 해로운 것은 이번에도 거짓 자기다. 영재 여성은 사랑받을 수 있다는 데 대한 자신감이 부족하기 때문에 굽실거리며 자신의 가장 중요한 욕구들을 표현하지 않는다. 잠재력이 높은 여성은 모든 다른 여성과 마찬가지로 사랑받기 위해서 배우자가 자신에게 기대한다고 생각하는 것에 부합하려고 상당한 노력을 기울인다. 그녀는 자신의 인격이 아닌 다른 인격 속에서 자기를 상실하며, 자신이 상대방의 욕구라고 상상하는 것에 부응하느라 스스로를 확신할 수 없을 뿐 아니라, 그러한 노력을 들이느라 진이 빠진다. 영재 여성은 그러한 노력을 기울여도 사회생활과 직장생활에서 받는 압박으로 피로해진 마음을 회복하고 재생시키는 자신감과 신뢰감을 얻지 못할 뿐 아니라, 그 어떤 만족감도 얻지 못한다. 이러한 경우에 애정 관계는 상실에 대한 두려움의 영향을 받는다. 자기 자신을 매일 조금씩 더 잃어간다는 두려움, 그리고 사랑하는 사람을 잃을 거라는 두려움 말이다. 또 다른 경우에는 배우자의 기대에 부응하느라 내면화된 크고 작은 분노가 쌓인다. 만족스러운 부부 생활을 하고 있으며 똑똑한 여성인 카트린은 상담할 필요를 느꼈다. 상담을 진행하면서 그녀는 마음 속 갈등을 말한다. 그녀는 번번이 남들이 자기한테 기대하는 일을 자신이 하며, 자신이 용기가 없다고 스스로 질책한다는 사실을 깨닫는다.

"나는 가끔 남편이 나한테 제안하는 일이 내 마음에는 안 든다는 사실을 말하지 않아요. 그런 점을 매번 제대로 설명할 수 없을 테니까요. 또 그렇게 하려고 하다보면 내가 결혼 생활 전체를 문제 삼게 될까 두려워요. 내가 그 일에 대해 문제를 제기해야 할지 의문이에요. 나는 나 자신에 비추어 일관성이 있는 게 좋아요. 하지만 스스로를 확신하지 못하고 자신과 남들이 불행해질 수도 있을 때 과연 그래야 하는지 의문이 들어요."

카트린이 해야 할 일은 그녀의 삶에서 자기 자신의 의지인 것과 외부의 영향을 받아 그녀가 하는 것을 분리하는 일이다. 진정한 자기로부터 멀어진 데 대하여 자기 자신도, 상대방(남편이나 가족, 세상 전체)도 원망하지 않는 법을 배워야 한다. 그녀는 자신의 의지를 표현하는 것이 반드시 갈등의 원천은 아니라는 사실을 이해해야 한다. 그녀가 배우자로 선택한 남자는 똑똑하며, 거부와 소외감을 이해할 수 있다. 나는 부부 생활이 원활한 영재 여성들이 대체로 남편을 자신의 가장 좋은 친구라고 말한다는 사실을 깨달았다. 이는 상호적인 지능에 해당한다. 하지만 그러한 상태에 이르려면 상대방을 신뢰해야 한다(물론 그 상대방이 해로운 사람이 아니라는 조건에서…).

## 잠재력이 높은 여성과 자기도취적인 변태
영재 여성의 취약함은 그들이 쉽게 걸려드는 자기도취적인 변태와 맺는 파괴적인 관계에서 분명하게 드러난다. 나는 이 사실을 앞서 고독을 다룬 책에서 강조하면서 영재들의 충격적인 증언을 전했는데, 그들은 어린 시절에 일찍이 자신의 차이점에 관심을 가지면서도 권위적인 그러한 어른들에게 피해를 입었다. 잠재력이 높은 아동이나 성인은 그들이 지닌 초민감성과 자신감 부족, 타인으로부터 인정받으려는 욕구 때문에 자기도취적인 변태가 접근하기 쉽다.

영재 여성은 자신을 이해하는 남성 또는 여성 파트너를 찾고자 염려하는 경향이 남성보다 더 크고, 또 똑똑한 여자는 이성애자인 경우에 남성한테 매력보다는 두려움을 불러일으키기 때문에, 자기도취적인 변태에게 걸려들 위험이 크다. 자기도취적인 변태는 자신감이 부족한 사람, 내향적인 사람, 정서적인 공허감으로 고통 받을지 모를 사람들을 가려내는 능력이 매우 뛰어나다. 그런데 영재 여성은 어렸을 때부터 자신이 '지나치게' 복잡하고 뭐든 '지나치게' 한다는 말을 들어왔을 것이다. 그래서 자신의 다름을 배제 당한다는 느낌으로써 체험해왔을 것이다. 자신의 장점과 능력, 사고방식을 다짜고짜 칭찬해 주는 누군가를 만나는 일은 안심이 되고 매력적이다. 영재 여성은 마침내 누군가에게 마음을 열 수 있고, (그녀가 많이 지닌) 활력과 에너지를 마음껏 발산하는데, 자기도취적인 변태는 그러한 에너지를 한껏 섭취한다. 그러다 파트너가 긍정적인 태도를 보이기를 멈추고 그녀를 은근하게 비난하기 시작하면, 여자는 자신의 능력을 금세 다시 강하게 의심한다. 영재 여성은 자신의 초민감성 때문에 이러한 반전을 충격으로 받아들이고, 만일 이미 사랑에 빠졌다면 이를 자신의 어리석음과 결함에 대한 증거로 받아들일 것이다.

영재 여성의 아버지가 가족 중에서 지식을 보유한 사람이었고 보호자의 역할을 했다면, 파트너에 대한 애착은 더욱 강하고 충격은 더욱 크며 그러한 관계에서 벗어나기가 더욱 힘들 것이다.

자기도취적인 변태에 대하여 영재 여성이 지닌 또 다른 취약점은 그녀가 지닌 강한 공감 능력이다. 자기도취적인 변태는 고통받는 존재다. 영재 여성은 일단 상대방의 고뇌를 알아보고 이해하면, 그를 피하기보다는 도우려 할 것이다. 그러한 노력은 실패로 이어질 수밖에 없다는 사실을 이해해야 한다. 당신의 높은 잠재력은 당신에게는 힘이 될 수 있지만, 변태에게는 끝없이 자원을 길어내는 우물이다. 따라서 다른 누군가의 배터리가 되는 것으로 당신의 인생이 충만해진다면 몰라도, 그렇지 않다면 당신의 에너지를 다른 목적에 사용하는 것이 좋다. 당신 자신이 그 목적이 되지 못할 이유가 무엇인가? 쥘리가 생각난다. 갓 30세인 그녀는 10년 넘게 함께 산 남자가 자기도취적인 변태라는 사실을 잘 알고 있었다. 그 남자는 일찍 부모를 여의고 쥘리 덕에 자리를 잡았다. 하지만 쥘리에게 해가 되는 일만 골라서 했다. 쥘리는 그를 원망하지 않았다. 그와 헤어질 생각을 자주 하면서도, 그 남자가 살면서 충분히 고생했다는 생각이 들었다. 하지만 그녀는 다른 누군가에게 이끌린다고 느낄 때마다 번번이 그 사람을 끔찍하다고 생각했다. "어쩌겠어요?

이상한 사람들만 나한테 끌리고 다가오는 걸요. 내 카르마가 나쁜 게 틀림없어요. 만일 그 남자랑 헤어진다면 나는 영영 혼자일 거예요."

똑똑한 여자가 지식에 대한 갈망, 채울 수 없는 호기심 때문에 특별하고 주변적인 사람들에게 관심을 갖게 될 수 있는 것은 사실이다. 이는 그 사람을 이해하는 일로 이어져야지, 그렇게 만난 사람을 반드시 인생의 동반자로 삼아야 하는 것은 아니다. 나쁜 사람과 함께 지내기보다는 혼자인 게 더 낫다는 사실을 기억해야 한다.

잠재력이 높은 여자들에게 특별히 적용할 만한 성공적인 부부 관계의 원칙이 존재할까? 물론 기적적인 비법은 없다. 부부 관계는 내밀하고 연약하며 은밀한 영역으로서 각자가 자기 몸과 맺는 관계, 성적인 욕망의 크고 작음, 욕망과 쾌락의 개인적인 기제 때문에 복잡해지며, 그 무엇도, 그 누구도 이를 이론화하거나 학문적인 해석의 틀로써 이해하려 시도할 수 없다. 하지만 부부 관계에서 위험한 행동들, 그리고 영재 여성이 속한 커플이 서로 잘 이해하고 행복하게 지내도록 하는 전반적인 조건은 있다. "영재 남성과 커플을 이룬 영재 여성은 일반 배우자와 지내는 것보다 더 행복해질 가능성이 클까?"라고 여자 환자들은 나에게 자주 묻는다. 그럴 지도 모르지만, 확실하지는 않다. 이 역시 두 인간 사이에서 발생하는 미묘한 연금술의 영역이며, 영재의 수만큼이나 서로 다르고 상반되며 독특한 인격이 존재한다는 사실을 다시 한 번 떠올려야 한다. 영재가 지닌 성격 특성의 일부가 공통된다고 해서 반드시 마음이 통하거나, 그들이 모두 친구 또는 커플로서 서로를 잘 이해하는 것은 아니다. 비슷한 사람과 커플을 이루는 일의 장점은 상대방이 배우자의 여러 다른 마음상태를 잘 이해할 거라는 점이다. 하지만 그러한 관계에서는 양편이 자기 자신을 매우 잘 이해하고, 의사소통과 상대방의 욕구에 대한 공감 능력이 뛰어나야 한다(영재이면서 자기도취적인 변태일 수도 있다…).

나는 지금까지 잠재력이 높은 여성이 맺는 부부 관계를 저해할 수 있는 문제 전체를 거론했다. 하지만 잠재력이 높은 여성을 정의 내리는 고유한 특성 자체가 성공의 열쇠가 될 수도 있다. "내가 나의 기능 장애라고 여기던 것들 때문에 남편이 나랑 결혼했다는 사실을 나중에 알게 되었죠."

끝으로, 영재 여성이라고 부부 간의 갈등에 더 잘 대처할 준비가 되어 있는 것은 아니다. 마리프랑스 이리구아앵Marie-France Hirigoyen이 설명하듯[8] 부부 관계는 과거에 비하여 더 힘들어졌기에 더욱 그렇다. 거기에 덧붙여, 오늘날의 젊은 여성은 남자와 똑같은 성공 모델에 따라서 양육되었다. 개인주의가 대세인 시대에, 부부 간의 갈등은 금세 자기만 위하는 태도로 이어진다(상대방이야 어찌 되든 상관없다).


잠재력이 높은 여성은 자신이 맺는 정서적인 관계(우정, 사랑, 부모자녀 관계)가 매우 밀접하고 절대적이기를 기대하는 경향이 있다. 그래도 자기 삶의 의미에 대한 질문들에 홀로 답을 찾아내는 법을 배우고, 자신이 자연스레 느끼는 불안감과 완벽 추구, 삶에서 모든 것을 통제하려는 욕구를 인정하고 효과적으로 포용할 길을 찾아내야 한다. 영재여성은 개인적인 영역(취미, 직업 경력, 예술적인 표현, 스포츠, 인류애적인 헌신)의 단단한 구축을 통해 아내로서의 역할과 어머니로서의 역할을 기쁘고 너그러운 마음으로 조화롭게 체험하게 할 내적인 균형을 찾을 수 있을 것이다.

# 공적 영역

:

## 집단의 만족감이
## 달성해야 할 목표보다 더 중요하다

잠재력이 높은 여성은 공적 영역에서 자신을 어떻게 정의 내릴까? 타인이나 집단, 상급자, 또는 자신이 이끄는 누군가와 맺는 관계를 어떻게 관리할까? 그러한 여성에게 특수한 제약이 있을까? 또 강점이 있을까? 그녀는 자신의 영재성을 공적 영역에서 어떻게 체험하는가?

### 영재 여성이 지닌 불가피한 차이점

책임자의 직무를 맡을 기회가 영재 여성에게 점점 더 많이 열리지만, 다른 사람들과 더불어 지내는 어려움은 그대로다. "나는 끊임없이 적응해야 한다는 인상을 받아요. 나와 똑같은 사고방식을 지니지 않은 사람들과 함께 지내야 하죠." 이러한 느낌은 지치게 만든다. 나뭇가지 모양으로 빠르게 뻗어가는 사고 때문에 자기도 모르게 연이어 여러 생각을 하게 되고, 초민감성 때문에 지치는 와중에, 자기가 생각하는 방식을 억지로 바꾸고 더 느리게 가는 일, 자신의 행동 방식을 변화시키는 일은 더없는 피로를 일으킨다. 보통 사람들이 기능하는 방식에 적응하는 일은 남녀 영재에게 있어서 마치 외국어를 말하는 법을 배우는 것과 같다. 시간이 흐르고 훈련을 함으로써 모국어가 아닌 언어가 당신의 언어가 된다. 당신은 그 언어로 꿈꾸기 시작하고, 심지어 유머까지 그 언어에 맞추어진다. 초효율적인 사람은 언제나 자기 본성에 거슬러 간다는 느낌을 받을 것이다. 그 사람이 자기 자신을 근본적으로 바꿀 수는 없다. 그 사람의 영재성은 어떤 과업이나 직장 환경(팀의 협동이 매우 중요한 환경)에서 장애가 될 수 있다. "나는 그룹 안에서는 일을 잘 못해요. 내가 전부 다 해 버리거나 아무것도 하지 않죠." "나는 의사소통에 문제가 있어요. 설명을 할 때 단계를 차근차근 설명하지 않고 뛰어넘어 버리죠."

가끔은 이런 부적응 때문에 직장을 자주 바꾸기도 하는데, 이는 회사에서 좋게 평가되지 않는다. "나는 직장을 많이 바꿨어요. 한 회사에서 일이 년 일했죠."라고 30세 세브린은 전한다. 이렇게 이직하는 이유는 대체로 권태, 또는 기회가 주어지지 않아서 표출되지 못하는 건설적인 활동에 대한 욕구 때문이다. "나는 한 직무에 2년 이상 머무른 적이 없죠. 나는 직무를 바꾸고 싶다고 말하거나,

내가 맡은 직무를 더 풍부하게 만들어요."라고 36세 폴은 설명한다. 그런데 빠르게 진급하면 질투를 불러일으킨다. 영재 여성이 성공할 때, 그녀의 영재성이 반드시 긍정적으로 받아들여지는 것은 아니다. 이는 회사의 기업 정신에 크게 달려있다. 마리는 프랑스의 고등사범학교(école normale supérieure. 중등교원을 양성하는 프랑스의 명문 교육 기관—옮긴이)를 졸업했는데, 사회학 박사 논문을 끝까지 마치고 교사로서 가르치기보다는 시 창작에 몰두하기로 했다. 그녀는 일정한 수입을 안정적으로 벌려고 파리 시 도서관의 사서가 된다. 직장 동료들과 친해지려고 노력하면서 자신의 여정과 학력을 숨기지 않았다. 동료들은 마리가 대체 뭘 하러 그 직장에 왔는지 이해하지 못하며 곧바로 그녀가 자기들이 승진하는 데에 위협이 된다고 간주했다. 얼마 안 가서 마리는 자신의 학력에 대하여 (직장에서 면접을 볼 때조차) 입을 다물고, 조용히 지내려고 빨리 승진하겠다고 결심한다.

괴롭힘을 당하는 경우도 드물지 않다. 많은 영재 여성은 일단 흥미로운 직위에 이르고 나면 문제에 부딪친다.

"오래 고군분투한 끝에 나의 부서에서 벌어진 괴롭힘이 인정됐죠. 하지만 그 상처는 아직도 아물지 않았어요."

"마지막으로 근무한 재무 컨설팅 회사에서 정신적인 괴롭힘을 당했어요. 직장 상사인 여자 두 명하고 문제가 있었죠. 합의에 의한 근로 계약 파기(rupture conventionnelle)를 얻어냈지만, 그 일을 겪고 나서 완전히 무너졌죠."

　다른 경우에는 괴롭힘을 당하지 않고도 재능과 직장의 현실이 서로 일치하지 않아서 영재 여성이 직장을 그만 두기도 한다. 샤를로트는 가구 세공인이 받을 수 있는 최고의 교육과정을 거쳤다. 그녀는 재능으로 주목을 받지만, 남성이 지배적인 환경에서 여자로서 일하는 상황을 견디기가 거의 불가능해진다. 동료들은 많은 것을 요구하고 사사건건 개입했는데, 이는 샤를로트에게 그야말로 심한 괴롭힘이었다. 그녀에게 유일한 출구는 도망치는 것이었는데, 그녀는 이를 가슴 아파 한다. "나는 죽지 않으려고 일을 그만뒀어요. 슬펐죠. 환경을 피하고 싶었지 직업을 그만두고 싶은 것은 아니었으니까요." 샤를로트는 남편이 종사하는 정보 처리 분야로 직종을 전환하는 데 성공했다. "그 분야에서는 사고방식이 아주 다르죠."라고 그녀는 전한다. 샤를로트는 여성으로서 소수 집단이고, 민첩하고 효율적이며, 여성적인 매력을 굳이 내세우지 않아서 새 직장에 순조롭게 통합되었다.

　"행복하게 살려면 숨어 살아야 하지."라고 플로리앙(Jean-Pierre Claris de Florian)의 우화 〈귀뚜라미Le grillon〉는 말한다. 영재 여성에게 이 문제는 매우 심각하게 제기된다. 단, 영재 여성이 행복해지는 길은 숨는 것이 아니다. 잠재력이 높은 여성이 충분히 자기 자신으로 지내며 제자리를 찾을 수 있고 그녀의 특수성과 창조성이 높이 평가받는 장소들이 엄연히 존재한다. 어느 젊은 여성 환자가 이를 증언한다. "나는 나 자신을 찾는 중이에요. 직장에서 좀처럼 누리기 힘든 특별한 대화의 시간을 갖죠. 직장 사람들은 내가 특별한 여자라고 말하면서 나를 좋아해요." 그러니 자신의 깊은 본성(세상을 인식하고 파악하는 방식)이 바뀔 수는 없다 해도, 자신이 소통하는 방식은 고통스럽지 않게 바뀔 수 있다는 사실을 염두에 두어야 한다.

## 소통하는 법을 배우기

당신이 자신을 표현하는 방식은, 다른 사람들이 당신을 어떻게 인식할지를 결정하는 열쇠고, 이는 전적으로 당신이 통제할 수 있다. 그러니 당신이 말하고자 하는 내용 뿐 아니라, 그것을 표현할 방법에 대해서도 검토해 보는 시간을 가져라. 당신이 의도하지 않더라도 당신의 말이 상처를 줄 수 있다는 사실을 절대로 잊지 말라.

당신은 얼마나 여러 번 상급자보다 당신이 팀을 더 잘 이끌 수 있다는 느낌을 받았는가? 당신의 생각을 누가 잘 들으려고만 했다면 그 생각이 작업 방식을 개선하는 데 도움이 되었을 거라는 생각은 또 얼마나 많이 했는가? 물론 상급자를 무시하고 그 사람 대신 모든 책임을 도맡을 수는 없다. 하지만 직장의 상급자를 넘어서거나 당신에게 주어진 범위를 넘어서지 않고도 많은 일을 할 수 있다. 몇 가지 사항을 개선하기 위해 주도적으로 행동함으로써 당신은 팀에서 소중한 존재가 될 수 있다.

진리를 말로 표현하려는 욕구, 빠르게 해결책을 찾아내려는 욕구, 의견이 일치하지 않거나 부당함을 접했을 때, 또는 상대방이 오류를 범할 때 보이는 과도한 반응, 이런 모든 태도가 영재 여성이 주의해야 할 함정이다. 하지만 언제 대답하고 언제 상황을 그냥 내버려 두어야 할지 결정할 시간을 충분히 갖는다면, 당신은 훨씬 더 유리한 위치를 획득할 수 있다. 내가 할 말의 여파가 얼마나 클지, 그리고 내가 상대방의 입장을 설득해서 바꿀 가능성이 얼마나 되는지 스스로 묻는 일은 중요하다. 단지 맞서 싸우겠다는 목적만으로 싸움을 시작하는 일은 아무런 소용이 없다. 직장 세계에서 권력은 대체로 통제(자신이 하겠다고 선택한 것을 통제하는 일)와 연관된다. "나는 팀의 일원으로 일할 때면 곧바로 어떤 간극을 감지하고 그 때문에 죄책감을 느껴요. 나는 조바심을 내죠."

다른 사람들과의 관계가 매우 중요한 분야에서 발전하고자 한다면, 영재 여성은 자신이 지닌 차이점을 무시할 수 없다. 그 차이를 감안하고, 무엇보다 자신이 취급받고자 하는 방식으로 다른 사람들을 취급해서는 안 된다. 생각하는 것을 자기가 필요하다고 생각하는 때에 말하면 상대방이 무척 의기소침해질 수 있다. 단도직입적으로 돌진하는 것을 좋아한다 해도, 그런 태도가 다른 사람들에게 반드시 가장 잘 통하는 방식은 아니라는 사실을 염두에 두어야 한다. 다른 사람들은 나와 다를 뿐 아니라, 그들은 나름대로 자신이 처한 각기 다른 상황에 반응한다.

잠재력이 높은 많은 젊은 여성 경영자는 단도직입적인 태도 때문에 자주 좌절감을 느낀다. 그들은 직원이 잘되기를 바라면서 그 사람이 접근법이나 리듬, 방법론에서 바꾸어야 할 점을 솔직하게 지적한다. 그들은 직원이 잘되기를 바라면서 그렇게 하지만, 반감이나 망설임에 부딪힌다. 그들은 취해야 할 가장 좋은 방식을 듣는 일이 심한 질책으로 받아들여질 수 있다는 사실을 이해하지 못하고, 그런 단도직입적인 지적으로 시간과 효율성을 번다고 생각한다. 그 여성 경영자는 자신의 방식을 강요하려는 것이 아니라 단순히 직업적으로 최고로 효율적인 방식에 이르려 했다고 생각하기 때문에 직원이 보이는 과민한 반응을 더욱 이해하기 힘들어한다. 그들은 흔히 이를 다음과 같이 깨닫는다. "직장에서 내가 남들을 성가시게 하는 것 같아요. 나는 생각하는 것을 빨리 말하는데, 그러면서 그것이 어떻게 받아들여질지 생각하지 않고 별로 격식도 안 차리죠. 하지만 상처를 줄 의도는 없어요."

그 여성들은 자신이 취하는 태도 일부를 만일 남자가 보였다면 더 잘 받아들여졌을 거라는 생각에 부당하다고 느낀다. 모든 영재 여성은 자신이 언제 어떻게 말할지를 살펴야 할 뿐 아니라, 자기가 말할 때 어떤 인상을 줄지도 신경 써야 한다고 강조한다. 이는 자신을 분명하게 표명하는 잠재력이 높은 여성은 전통적으로 남성적이라고 생각되는 특성들(종합적인 사고, 경쟁심, 위험 감수)을 보이기 때문이다. 그러한 여성은 불리한 입장에서 남성들과 경쟁 관계에 들어선다.

## 고정 관념의 무게

이번에도 역시 똑똑한 여자에 대한 고정 관념은 그러한 여성에게 해롭게 작용한다. 자신이 똑똑하기를 바라는 여자는 괴상망측해진다고 귀스타브 르 봉Gustave Le Bon은 말했다. 남성적인 환경에서 똑똑한 여자는 자신의 여성적인 본질(온화함)을 잃고 그 정반대의 모습을 띤다는 것이다. 그러니 그에 따르면 그런 여자는 비인간적이고 냉혹하고 계산적이며 독재적일 수밖에 없다.

직업 경력에서 남자에게는 장점이 될 만한 것, 즉 일벌레인 것, 경쟁심이 강하고 공격적인 것, 야심이 많은 것 등이 여자에게는 결점이 된다. 성별에 따라 해석이 달라진다. 남자는 지도적이다/여자는 권위적이다, 남자는 자신감이 있다/여자는 거만하다, 남자는 완고하고 끈질기다/여자는 고집이 세고 둔감하다, 남자는 혈기에 넘친다/여자는 충동적이다, 남자는 긴장을 푼다/여자는 히스테리를 부린다, 남자는 찬반양론을 검토한다/여자는 결정할 줄을 모른다…. 확실히 의사소통의 규칙은 남자와 여자에게 서로 다르다.

여자가 어떻게 보이든 그녀는 그런 모습에 대하여 어떤 방식으로든 비난받을 것이다. 대화 분석 전문가인 미국의 언어학자 데버라 태넌Deborah Tannen은 전통적으로 보다 더 여성적인 방식으로, 즉 고음과 상승 어조를 사용하고 더 부드러운 음량으로 말하는 여자가, 저음으로 말하는 여자보다 덜 유능하게 인식되었다고 지적했다. 여자가 지나치게 상냥하면, 그 권위가 문제시된다. 여자가 너무 단호하면, 위에서 말한 것처럼 똑똑함이 부정적인 방식으로 해석된다. 여자는 둘 사이의 무언가를 찾아내야 한다. 시리 허스트베트는 로리 러드먼Laurie Rudman과 피터 글릭Peter Glick이 실시했고 다음과 같은 말로 끝나는 어떤 연구를 인용한다. "여자가 상냥해야 한다는 명령은, 여자가 거기에 따르지 않으면 여자에게 불이익을 주는 암묵적인 조건의 한 형태다." 시리 허스트베트는 다음과 같이 결론을 맺는다.

"여자는 받아들여지기 위해서 자신의 상냥함이 자신의 야망과 능력을 보충하게끔 해야 한다. 남자는 여자가 보여야만 하는 상냥함의 극히 일부도 보일 필요가 없다. 나는 여자가 남자보다 본래 더 상냥하다고 생각하지 않는다. 그보다는 여자가 야심을 숨기지 않으면 보통 처벌을 받는 반면에, 상냥하면 보상을 받는다는 사실을 학습한 것이다[9]."

하지만 그런 상황도 나아지는 것처럼 보인다…. 바로크 음악 오케스트라의 여성 지휘자인 엠마뉘엘 하임Emmanuelle Haïm은 자신이 여자라는 사실이 경력에서 문제가 된 적이 한 번도 없다고 주장한다. "비록 오페라 극장의 디렉터들은 보통 지휘자가 남자일 거라고 생각하는 경우가 많기는 하지만" 말이다. 하지만 대중을 상대할 때면 클래식 음악계라도 여자는 전통적인 도식에 따라서 소통하고 자신을 판매해야 한다. 클래식 음반 산업계에서 여자 가수 자체만으로는 음반을 판매하는 데 충분하지 않아서 가수의 이미지에 어떤 콘셉트를 덧붙이는 반면에(성악가인 파트리샤 프티봉Patricia Petibon의 음반 제목은 〈사랑에 빠진 여자들〉, 〈멜랑콜리아〉, 〈아름다운 괴짜〉 이다). 남자 가수는 그 이름만으로도 음반 출시가 충분히 정당화된다(같은 제작사에서 출시된 요나스 카우프만Jonas Kaufmann의 음반 목록을 보라…).

관계 문제로 되돌아와 보자. 경쟁심이 적고 개인적인 야심도 없는 영재 여성은 그 순진함과 공감 능력 때문에 회사에서 힘든 처지에 놓일 것이다. 순진한 영재 여성은 많은 회사에 흔히 퍼져 있는 이중적인 담론, 즉 실제 능력이 아니라 자기를 선전하는 능력에 따라서 승진한다는 사실을 이해하지 못할 것이다. 그런데 영재 여성은 진솔하고 강렬하기 때문에 자신에게 제시되는 문제들을 해결하는 데 집중하며, 일의 그런 측면에만 자극을 받고 흥미를 느낀다. 그녀는 승진 경쟁을 성가시며 비생산적이라고 판단하고, 자신이 받아야 할 영예를 다른 사람들이 차지하게 내버려 둔다. 그녀는 그 사실을 잘 알지만, 그냥 체념한다. 그러한 여성이 겪을 수 있을 위험은 자신이 해야 할 몫보다 더 많은 업무를 할당받는 것이다. 그 여성이 자신감이 부족하면(그들 중 많은 이에게 해당되는 사항), 자신을 보호하거나 자기 건강을 돌보지 못하고 소진 상태에 빠지거나 건강상의 문제를 겪을 수 있다. "스트레스 때문에 호흡기와 가슴에 통증을 느껴요. 감히 분노를 표출하지 못하죠. 나는 밋밋한 사람이에요." 영재든 아니든 여자는 지나치게 상냥하고 과감함이 부족하면 자신의 요구를 관철시키기 위해 감히 맞서 싸우지 못한다. "나는 자신감이 부족해서 내가 마땅히 받아야 할 것을 요구하지 못하죠."

남자와 여자의 처우 차이도 똑똑한 여자에 대한 판단을 많이 왜곡시킨다. 여자는 자신이 지닌 공감 능력 때문에 곤란한 입장에 처하고, 감정적이고 재정적인 측면에서 모두 대가를 치른다. 잠재력이 높은 여성이 높은 보수를 받고자 하고, 자신의 재능에 부합하는 월급, 또는 자기와 직급이 같은 남자 동료와 똑같은 월급을 과감하게 요구하는 경우를 가정해서 살펴보자. 그녀는 자신의 상급자가 보이는 망설임을 여성 혐오에 대한 증거로 해석하고(그러한 생각이 옳을지 모른다), 다른 직장에서 더 좋은 제안을 찾아내 받아들인다. 그녀는 다니던 회사를 떠나려고 한다. 바로 그 순간에 첫 번째 회사의 고용주가 나서서 그녀가 처음에 요구한 월급을 주겠다고 한다. 영재 여성은 어정쩡한 상황에 처한다. 그녀는 새로운 고용주에게 자기 말을 번복해야 한다는 데 죄책감을 느끼고, 첫 번째 고용주가 자신의 가치를 뒤늦게야 인정했다는 사실을 원망한다. 그녀는 자신의 첫 번째 직장이 더 마음에 들지만, 이직 결정을 번복하기를 거부한다(그리고 이렇게 함으로써 자신에게 가해진 부당함을 바로잡는다고 믿는다). 이를 다른 말로 표현하면, 그녀는 단지 협상에 불과한 사안에 감정을 개입시킨다. 똑똑한 남자였다면 고용주의 새로운 임금 제의를 압박의 수단으로 삼아서 상급자가 자기에게 보조를 맞추거나 자신의 요구를 들어 주도록 만들었을 것이다. 그런 다음에 자기에게 가장 알맞은 자리를 선택했을 것이다. 그는 자신이 순전히 거래의 법칙에 따라 밀고 당기는 협상 게임을 한다는 사실을 잘 인식하기 때문에 올바름이나 명예 같은 질문은 제기하지도 않았을 테다. 또 다른 사례: 티나는 약학 분야의 젊은 연구원이다. 그녀는 자신의 지위가 계약직으로 불안정한 어느 연구소를 떠나 제약업계로 직장을 옮긴다. 몇 달이 흐른다. 예전에 일한 연구소에서 그녀에게 연락해서 기초 과학 연구를 할 정규직 연구원 자리를 제시한다. 그러자 티나는 현재 다니는 회사의 고용주에게 죄책감을 느낀다. 그녀는 그 회사에서 받는 처우도 좋고 임금 수준도 높지만, 업무의 성질상 자신이 필요로 하는 지적인 자극을 받지 못하는 상태다. 티나는 망설인다. 남자가 그녀의 입장에 놓였다면 그는 무엇보다 자신의 만족감을 먼저 생각했을 테다. 티나는 결국 아버지의 조언을 따라서 다시 연구소로 돌아갔다.

끝으로, 완벽주의 역시 영재 여성에게 불리하게 작용한다. 영재 여성은 한 번 실수를 하면 다른 일로 넘어가기 무척 힘들어한다. 그녀는 저지른 실수를 곱씹으며 자신을 질책한다. 여자 변호사들과 금융계에서 일하는 잠재력 높은 여성들은 가끔 그런 상황을 언급한다. 영재 여성은 그런 상황을 주변에 이야기하면서 자신을 비난한다. 그 막다른 길에서 벗어나고 자기 자신에 대한 부정적인 말을 계속해서 반복하지 않는 일이 매우 중요하다. 성공한 어느 영재 여성이 나에게 털어 놓은 것처럼 말이다. "내가 만일 비판받을 때마다 매번 거기에서 회복되느라 며칠을 보내야 했다면, 나는 직장에서 아무것도 이뤄내지 못했을 거예요."

나 자신을 그렇게 비판하는 일은 시간과 에너지 낭비일 뿐 아니라, 다른 사람들이 그렇게 불평하는 여자를 인식하는 방식에도 영향을 미친다. 그 사람들은 실수를 실제보다 더 심각하게 상상할 위험이 있다. 남자는 회사에서 자신의 프로젝트가 실패하면 외부 요인 탓을 하는 경향이 있으므로, 남자들이 그렇게 상상하는 것은 당연하다….

내가 이미 적었다시피 직장 세계는 영재를 괴롭히고 그들에게 환멸을 느끼게 할 만한 것들로 가득하다. 잠재력이 높은 여자에게는 더욱 그렇다. 그렇다 해도 일단 그러한 여성은 남자와 똑같은 방식으로 대응하지 않을 방법을 찾아낼 수 있다.

"나는 각별한 관계를 맺을 필요가 있어요. 내게는 고독이 참으로 끔찍하죠. 나는 어떤 팀하고 관계를 맺고 공동체를 만들어낼 필요가 있죠." 지도자의 위치에 있는 뛰어난 여성의 특징 중 하나는 집단에 관심을 갖고 팀의 만족감을 중시한다는 점이다. 그 여성은 관계가 부족한 곳에 관계를 만들어낼 줄 안다. 이러한 점에서 셀린 포레스트Céline Forest가 자신이 다니는 회사에서 펴낸 내부 간행물[10]을 떠올리지 않을 수 없다. 그녀는 개개인이 각기 세상에 영향을 미칠 수 있다고 믿으면서 상급자의 지원을 받아 여성 직원들을 부각시키는 일련의 초상을 담은 책을 제작했다. 그녀는 이 프로젝트를 다음과 같이 단언하며 요약한다. "『그녀들의 이야기Histoires d'Elles』는 인간미가 함축되어 담긴 책으로서 일상의 우리 여성 영웅들을 여러분에게 소개할 목적을 띤다." 잠재력이 높은 여성에게는 집단의 만족감이 달성해야 할 목표보다 더 중요하다. 그녀의 관심은 어떤 프로젝트가 가져다주는 이득보다는 그 프로젝트가 진전되는 과정에 쏠린다. 이러한 사실은 샐리 헬게슨Sally Helgesen이 『여성의 강점The Femaile Advantage』[11]에서 전하는 연구를 통하여 알려졌는데, 이 책은 여성이 직장에서 보이는 (약점이나 결함을 분석하기보다는) 강점의 목록을 제시한 최초의 책이다. 저자는 여성 기업 대표 또는 대기업의 최고위직 여성 80명을 대상으로 조사를 실시했다. 이 책에서 저자가 내린 결론은 1990년대 이후로 하버드 대학을 포함한 미국 대학과 군사 학교들에서 가르쳐진다. 저자가 여성의 고유한 장점으로 지적하는 것은 공동체에게 돌아갈 이득을 중시하는 마음과 다양성을 감안하는 태도다. 미국에서 매우 중요한 이 두 단어(공동체, 다양성)는 인간적인 가치들을 포함하며, 이러한 인간적인 가치는 오늘날 새로운 기업들에서 중시된다. 여자는 영감의 원천이 된다. 왜냐하면 여자는 무슨 행동이든 착수하기에 앞서 자기 회사의 직원들에게 미칠 여파를 검토하기 때문이다. "그것이 나에게 무엇을 가져다주는가?"라는 질문은 제기되지 않는다. 여자는 가족의 어머니로서 지닌 온정을 직장 세계에도 적용함으로써 회사에 기여한다고 한다. 여자가 귀 기울여 듣는 자질 역시 장점이다. 여자는 모든 사람의 말을 경청하기 때문에 경영자로서 좋은 결정을 내리고, 자신의 협력자들과 자신이 관리하는 직원들의 가치를 높인다. 그 여성들은 모두 기업의 위계 원칙이 타당한지 의문을 제기했다고 한다. 그들은 더 유연하고 빠르며, 직원들에게 더욱 건강한 의사소통의 길을 열었다. 바로 그러한 기업 조직 방식이 가파GAFA(미국의 기업 구글Google, 애플Apple, 페이스북Facebook, 아마존 Amazon을 한데 일컫는 말—옮긴이)가 성공을 거둔 이유다. 하지만 그러한 방식을 여성적으로 특징짓는 용어는 아직 사용되지 않는다. 이는 여자에게 남성적인 특질을 부여하는 것보다, 남자에게 이른바 여성적인 특질을 부여하는 것이 여전히 더 불리하다는 증거다.

샐리 헬게슨이 열거하는 경영 방식에서 여성이 지닌 장점들이 나뭇가지 모양으로 뻗어가는 사고를 비롯한 영재의 특징들과 교차한다는 사실은 흥미롭다. 그녀가 내린 결론은 프랑스 여성에게도 적용 가능하다. 최고 경영자 여성들은 같은 직위의 남성들보다 사업의 문제를 보다 총체적인 방식으로 다루고, 어떤 주제에 대하여 더 많은 정보를 수집하고, 그 세부사항들을 서로 더 빠르게 연결 짓는 경향이 있다. 그러한 여성들은 더 많은 변수들을 검토하고, 어떤 결정을 내릴 때 더 많은 대안과 그로 인한 영향을 감안하며, 더 많은 관점을 염두에 두고, 더 여러 가지 실행 방식을 검토한다. 그 여성들은 통합하고, 일반화하고, 종합화한다. 평균적으로 여자는 남자보다 더 많은 모호함을 용인하는데, 이는 아마도 그들이 어떤 상황에 개입되는 요인들을 더 많이 감안하기 때문일 것이다.

요컨대, 여성은 일직선으로 나아가는 방식이 아니라, 상호 연결된 요인들의 그물망 안에서 생각하는 경향이 있다. 헬렌 피셔Helen Fisher는 이렇게 사고하는 여성적인 방식을 '거미집 사고(web thinking)[12]'라고 부른다. 그녀의 연구는 페미니스트가 아닌 심리학자들도 여성이 남성보다 더 자주 상황을 감안하여 사고한다고 관찰한 내용을 보강한다. 여자는 제시되는 주제에 대하여 일단 더 총체적으로 접근한다. 자신을 둘러싼 세계의 더 많은 세부사항을 통합하는데, 그 세부사항은 서 있는 어떤 특정한 방식이 주는 느낌부터 어떤 방에 물건들이 놓인 위치에 이르는 내용을 포함한다. 매우 많은 사실을 통합하는 능력은 사무실에서 더 잘 드러난다.

나는 페미니즘 투쟁에 나서려는 생각이 전혀 없다. 하지만 전통적으로 어떤 가치들을 여성적이거나 남성적이라고 특징짓기 때문에 경영하는 일부 방식들은 효율적임에도 불구하고 실시되기까지 오랜 시간이 걸렸다는 사실은 부인할 수 없다. 정신 의학자이자 페미니스트인 진 베이커 밀러Jean Baker Miller는 우리 문화에서 책임감, 연결, 포용이라는 가치들이 미국 문화, 그리고 간접적으로는 프랑스 문화도 찬양하는 경향이 있는 고독하고 강건한 영웅이 보이는 특징에 비하여 낮게 평가되어 왔다는 사실을 애석해한다[13]. 나의 여성 환자 중 한 명은 최근에 이를 불평했다. "나는 직장에서 내가 원하는 팀을 갖지 못해요. 그들이 인간적인 야심을 가졌으면 좋겠는데, 개인만 찾아볼 수 있을 뿐이죠."

과도한 개인주의는 남녀 모두에게 함정이다. 이는 스트레스와 정신적·신체적 질환을 유발할 수 있다.

영재 여성이 지닌 공감 능력(경청, 타인의 감정 읽기), 관계 및 맥락적인 지능, 나뭇가지 모양의 사고방식, 직관은 직장 세계를 변모시키기 위한 적절한 자질인 것처럼 보인다. 이러한 자질들은 현재 성공하는 데에 있어서 그토록 중요한 권력 개념을 다시 정의 내리게 한다. 권력은 이제 더 이상 다른 사람들과 분리되어서 그들에게 압력을 행사할 가능성이 아니라, 타인과 건설적인 관계를 맺는 능력이다. 권력은 더 이상 독재적인 통제가 아니라, 인간이라는 톱니바퀴들로 이루어진 어떤 메커니즘을 감독하는 일이다. 권력을 인간적으로 행사하는 것은 그 각각의 톱니바퀴의 강점과 취약점을 아는 일일 테다. 권력은 성공의 최우선 목표가 아니라 성공의 결과여야 할 것이다. 흘러가는 대로 놔둘 줄 아는 것은 그러한 권력 행사의 신호 중 하나다.

끝으로, 영재 여성이 직업적으로 성공하는 것을 방해하는 엄청나게 커다란 심리적인 걸림돌이 하나 있다. 이 걸림돌은 여성의 본성 자체에 있으며, 산업 심리학자와 사회학자들은 이를 연구 대상으로 삼으며 놀랍게 여기기도 하였다. 쿄세이 솔류션즈 랩KyoSeil Solutions Lab(프랑스의 경영 컨설팅 회사—옮긴이)의 창립자 샌디 베키 Sandy Beky는 이러한 고착 상태를 다음과 같이 증언한다.

"학교에서 여러 번 강연을 했는데, 그러면서 파리 정치대학(Sciences Po)에서 초대를 받아 여학생을 대상으로 임금 협상 연수를 한 적이 있어요. 거기에서 어떤 사실을 발견하고 놀랐죠. 연수에 참가한 학생 대부분이 동기 남학생들과 비슷한 직위나 책무에 대하여 똑같은 임금을 받을 수 있으리라고는 상상도 하지 못했어요. 그런 명문 학교에서 공부하고 있는데도 자신이 평등한 임금을 요구하기에는 충분히 준비되어 있지 않다고 느꼈죠. 법에서 임금 평등을 규정하고 있는데도 말이에요."

이와 관련하여 사회학자인 나탈리 에니크Nathalie Heinich가 실시한 경제학 연구도 있다. 그녀는 그 연구에서 이러한 현상을 사회적 측면에서 "여성 사고의 불가시화(不可視化)[14]"라고 부르며 강조했다. 그녀는 이러한 "유리 천장", 즉 여성의 "개념적인" 연구 작업을 엄밀한 의미에서 지적으로 인정하지 않는 상황을 규탄했다. 나탈리 에니크는 영재 여성이 처한 딜레마, 즉 여성으로서 자신을 분명히 드러내는 것이 아니라, 자기가 여성이라서 가시화되지 못하는 것을 거부해야 하는 입장을 분명히 드러낸다. 이러한 여성의 불가시화 문제는 회사와 직업적인 관계에서 영재 여성에게 특히 첨예하게 제기된다. 심리 치료는 커다란 지장을 초래하는 그러한 심리적인 걸림돌을 극복하는 좋은 방법이다.

# 배제가 아니라
# 포함시키기 위해 힘을 사용하라

당신이 똑똑하다고 해서 똑똑한 여자의 역할에 부합해야 하는 것은 아니다. 당신은 당신 자신 이외의 누군가가 될 필요가 없다. 당신은 당신으로서 충분하다. 주변 사람들 가운데에서 자신이 외계인이라는 인상을 받을 때, 당신이 편안하게 느낄만한 장소들이 존재한다는 사실을 잊지 말라. 당신이 자기 자신이 될 수 있게 해주는 기회들을 찾아나서는 일을 결코 멈추지 말라. 터무니없어 보이는 계획이 성공하지 않았다고 해서 그런 시도를 멈추지 말라. 금세기를 살아가는 우리는 희망과 신념을 갖고 나아갈 수 있다. 앞서간 여성들이 이미 갈 길을 조금 더 쉽게 닦아 놓았기 때문이다. 멀린다 게이츠Melinda Gates가 촉구하는 말을 들어 보라.

"여성들은 주변을 떠나 제자리를 찾아야 한다. 남자보다 윗자리나 아랫자리가 아닌, 사회의 중심에서 그들의 옆자리를 차지하고, 자신의 목소리를 더하며, 자신이 내릴 권리가 있는 결정을 내려야 한다…. 우리는 모든 사람을, 심지어 우리를 배제하려는 사람들마저 포함시켜야 한다. 다른 이들은 배제하기 위해서 자신의 권력을 사용했지만, 우리는 포함시키기 위해서 우리 권력을 사용해야 한다. 우리는 분열을 끝내야 한다. 이것이 온전해지는 유일한 방법이다[15]."

이제 당신이 나설 차례다.

제5장

"
내 자리 차지하기
"

넘어야 할 심리적 벽

　우리는 한 개인이 자기 자신 및 다른 사람들과 맺는 관계 속에서 정체성이 형성됨을 살펴보았다. 이제 행동하는 일만 남았다. 우리를 정의 내리는 것은 바로 우리의 행위다. 따라서 우리 자신을 선택하려면 목표가 무엇인지에 대한 문제가 제기된다. 영재 여성은 오늘날 무엇을 바라는가? 그들이 하는 선택은 자유로운가? 현실적인가?

# 여성 영재 '흰개미들'의
# 삶을 추적한 연구

똑똑한 여자 아동이 자신을 바라보는 이미지를 형성하는 데 기여하는 특수한 힘들을 더 잘 이해하려면, 영재 아동 교육이 시작된 시기, 즉 지난 20세기 초부터 영재 아동의 역사를 다시 살펴보아야 한다. 뛰어난 지능과 재능에 대한 연구는 오랫동안 남성 천재들에 대한 연구로 한정되었다. 그 이유를 살펴보아야 할 것이다.

첫 번째 이유는 이른바 약한 성별이라는 여성의 지성을 부인하는 대다수 남성의 의도적이거나 무의식적인 의지다. 그들은 자신이 지닌 권리와 특권에 집착하며 여자가 자유로워지는 모습을 보고 싶은 생각이 전혀 없었다. 하지만 역사상 몇몇 예외가 있었다. 그 중에서 17세기 파리에서 활동한 철학자이자 때 이른 페미니스트인 프랑수아 풀랭 드 라 바르François Poullain de la Barre의 사례를 들고자 한다. 그가 쓴 저작으로서 제목이 말하는 바가 큰 두 권의 책『양성 평등, 선입관을 없애는 일이 중요함을 나타내는 육체적·정신적 담론De l'Égalité des deux sexes, discours physique et moral où l'on voit l'importance de se défaire des préjugés』(1673)과 『학문과 양속으로 정신을 인도하는 여성 교육, 대담집De l'Éd-ucation des dames pour la conduite de l'esprit dans les sciences et dans les mœurs, entretiens』(1674)은 1980년대에 와서야 재출간되었다…. 20세기까지는 여성이 지적으로 열등하다는 생각이 너무 깊이 뿌리박혀 있어서 심리학자와 인류학자, 과학자들은 여성을 연구 대상에 아예 포함시키지 않았다. 나쁜 의도 없이 단순히 빠뜨린 것이다. 그리고 이러한 반사적인 행동은 지금도 계속된다.

프랑수아 풀랭이 한 말을 인용하면 "정신에는 성별이 전혀 없는"데, 그렇다면 어째서 여성의 두뇌에 관심을 가지는가? 지능에 있어서 남자와 여자는 마찬가지 아닌가? 오랫동안 양성 간의 차이를 전혀 감안하지 않은 발달 심리학자들은 아마도 이렇게 생각했을 테다. 그럼에도 불구하고 몇몇 학자는 인간을 연구할 때 학문적 방법론에서 엄정하고 중립적이고자 하는 강한 의지를 느꼈다.

잠재력이 높은 여성들이 겪는 여정과 변화에 관심을 가지려면 수년 또는 수십 년에 걸친 추적 연구를 실시해야 한다. 그런데 장기적으로 행해지는 영재에 관한 연구는 드물다. 최초로 이루어진 그러한 중요한 연구는 미국 심리학자 루이스 터먼Lewis Terman

이 실시했는데[1], 그 연구의 강점은 남자 아동과 여자 아동을 거의 같은 비율로 포함시켰고(초기에 남아 116명, 여아 100명), 지능 지수가 140인 6세와 7세 아동 1444명을 1911년부터 그들이 사망할 때까지 관찰했다는 점이다. 그 결론은 무엇인가? '흰개미(Termite)'들이라고 불린 그 실험 대상자 중 여자 아동이 남자 아동과 놀이하는 방식이나 원하는 것에서 전혀 구분되지 않았다는 사실은 놀랍다. 여자 아동은 바깥에서 놀고 모험에 나서기를 좋아했고, 책을 무척 즐겨 읽었다. 그들은 남자 영재 아동과 마찬가지로 성별에 구애받지 않고 자신의 미래가 영웅적일 거라고 상상했다. 하지만 그 아동들이 일단 어른이 되자, 터먼과 보조 연구자들은 연구할 때 남녀의 커다란 차이를 감안하고 남녀가 거치는 여정을 따로 분리해서 평가해야 했다. 다시 강조하자면, 그 연구의 목표는 천재적인 잠재력이 발현되는 모습을 관찰하는 것이었다. 그런데 추적 연구된 아동 중 거의 아무도 역사상 두각을 나타내지 않았다. 이는 미래의 영재들에게 있어서 더없이 중요한 정보였다. 다시 말하면, 높은 잠재력이 훌륭한 미래를 보장해 주는 것은 아니다. 시간이 흐르면서 여자 아동이 지닌 잠재적인 천재성은 남자 아동보다 더 많이 상실된다. 일부 여자 아동은 더 이상 질문지에 답하지 않아서 연구에서 탈락되었다. 다른 여자 연구 대상자들이 답하여 제출한 질문지의 내용 덕분에 터먼은 그 여자들의 목표가 남자들의 목표와 다르다는 사실을 밝혔고, 이는 여아들의 잠재력이 계속 감추어져 있고 세상의 시선에서 벗어나 있는 이유를 설명해 주었다. 그 여자 아동 중 42퍼센트가 전업주부가 되었고, 계속 일하거나 직장을 그만두지 않은 여자들은 교사나 간호사였으며, 그중에서 의사는 다섯 명이었고 기술자는 한 명도 없었다. 그 연구를 실시한 시기인 양차 대전 사이에 여자는 경제 활동 인구에서 매우 낮은 비율을 차지했고, 결정권이 있는 직무를 맡는 일은 드물었다. 집에서 자녀를 돌보아야 했기 때문이다. 놀라운 사실은, 어른으로서 아내와 어머니가 되어 질문지에 답한 여자 '흰개미'들은 자신의 처지를 불평하지 않으면서 반대로 자신이 담당하는 그늘에 가린 여성의 역할을 명랑한 방식으로 이야기했다. 그들은 나이가 더 들어서야 직업 경력을 계속 이어가지 않은 일을 후회했다.

　여성의 잠재력이라는 주제는 제2차 세계 대전 이후에 다시 관심의 대상이 되었다. 베티 프리단Betty Friedan은 1963년에 출간되어 많은 사랑을 받은 자신의 저서에서 어떤 연구 내용을 전하는데, 이번에도 미국에서 실시된 그 연구는 똑똑한 여자들의 사기가 무척 낮다는 사실을 밝혔다[2]. 1957년에 베티 프리단은 미국 여성이 그다지 잘살고 있지 않다는 느낌을 받아서 그것을 계기로 자신의 여자 동창생들(그들은 모두 명문 여자 대학인 스미스 칼리지Smith College를 졸업했다)을 대상으로 조사를 실시한다. 졸업한 지 15년이 흐른 후에 면담한 결과, 그들은 특권을 누린 여성으로서 결혼하고 살아왔음에도 불구하고 전반적으로 슬픔을 느꼈다. 역사의 흐름도 거기에 영향을 미쳤다. 제2차 세계 대전 중에 미국 여성들은 평화로운 시기에 자기가 여성으로서 담당할 수 없던 여러 직종에 종사했다가 전쟁이 끝나고 다시 옛 질서로 되돌아가야 하는 상황이었다. 그들은 계속 학교에서 공부했고 마침내 재미있게 활동할 수 있는 시기가 왔지만, 그들이 지닌 젊은 날의 꿈은 결국 좌절되었다. 바버라 커Barbara Kerr는 1960년대에 성인이 된 지능 높은 여성들에 대하여 실시한 연구에서 같은 결과를 얻는다. 그녀가 면담한 여성들은 어렸을 때 영재 아동으로 판별되었고, 빠르게 고위직을 맡을 만한 훌륭한 교육 과정을 거쳤다. 그들은 희망과 낙관주의로 가득한 시기에 성장했지만, 그 시기를 활용할 줄 몰랐거나 그러지 못했다. 그녀는 『21세기의 똑똑한 소녀들Smart Girls in the 21st Century』[3]에서 페미니즘 운동이 한창 활발한 시기(1965년~1989년)에 태어난 영재 여성 세대가 똑같은 어려움을 겪는다고 전한다. 청소년기에 그들은 냉소적이고 반항적이며 독립적인 모습을 보였다. 그들은 무언가에 반대해 이의를 제기할 수 있기를 원했지만, 어른이 되었을 때에는 더 이상 반박할 이유가 없는 것처럼 보였다. 그들은 자신의 어머니 세대가 싸워서 얻어낸 것들을 모두 누릴 수 있었다. 그들은 "너는 어른이 되면 원하는 사람이 될 수 있어."라는 말을 들은 최초의 여성 세대였고, 그 어떤 직업도 그들에게 금지되지 않았으므로 원하는 직업 경력을 쌓을 수 있었다. 하지만 모든 것을 가질 수 있고 완벽해져야 한다는 압박은 엄청났고, 많은 여자가 자신의 실패를 관리할 줄 몰랐다. 지금 그 소녀들은 마흔 살이 되었다. 그들은 결혼했고, 또 이혼했다. 어떤 이들은 다시 결혼해서 흥미와 책임감, 즐거움을 함께 나누는 파트너와 행복하게 지낸다. 다른 이들은 독신이고 자신의 전문 분야에서 큰 기여를 하고자 한다. 그 영재 여성들은 직업적으로나 경제적으로 자신보다 나은 위치에 있는 남자들과 자신을 비교하며 자신이 유리 천장에 부딪친다는 사실을 깨닫는다. 또 어떤 여성들은 자녀를 양육하기를 선택해서, 자신이 받기를 원했던 교육 방식으로 자녀를 열정적이고 활발하게 양육하고 있다. 루이스 터먼이 연구한 영재 여자 아동들보다 20년 또는 50년 뒤에 태어났어도, 그 여성들은 앞선 세대 여성과 거의 비슷한 처지를 겪었다. 그들은 타협했으며, 상황에 자신을 맞추었다.

　미국에서 장기간에 걸쳐 실시된 그 연구들은 (프랑스는 영재성에 관한 연구에서 뒤처져있다) 영재 여성들에게서 어떤 직업에 종사하려는 욕망이 강하게 나타나고 점점 더 커진다는 사실을 보여준다. 그렇지만 그들은 가족을 이루려는 욕망도 포기하지 않는다. 1998년에 출간된 영재성에 관한 글 모음집[4]에는 잠재력이 높은 여성과 그들의 열망에 관한 여러 연구가 인용되어 있다. 1986년에 캐럴 톰린슨키시Carol Tomlinson-Keasey는 한창 나이인 (어렸을 때 영재로 진단받은) 영재 여성 173명의 표본을 수집했다. 앞서 '흰개미'들이 갖지 못한 직업적 기회를 누린 그 여성들에게 언제나 가족은 우선시되었다. 가족생활의 중요성은 전반적으로 감소했지만 말이다. 그들은 자신의 직업 경력이 친구보다 더 중요하다고 강조했다. 또 1985년에 실시한 어느 연구에서는 대학에 등록한 영재 여성의 97퍼센트가 결혼하고 자녀를 최소한 한 명 가질 의도가 있다는 사실을 보여 주었다. 그들은 모두 예외 없이 졸업한 후에 일할 생각이었다.

주지할 만한 흥미로운 사실은, 1968년과 1979년 사이, 즉 성 혁명과 페미니즘 투쟁이 한창 진행되던 시기에 대학을 졸업한 여자들을 대상으로 한 어느 연구에서 가족을 우선시하는 비율이 가장 낮았다는 점이다. 이는 개인의 욕망이 사회의 전반적인 움직임에 영향을 받는다는 뜻일까?

나는 그렇다고 생각한다. 프랑스에서는 여성이 어머니이면서 경제적으로 독립했으면 제대로 된 삶을 살았다고 생각한다. 이러한 모델은 지금까지 잠재력이 높은 여성에게도 적용된다. 자녀를 낳지 않겠다는 선택은 아직 영재 여성들에게서 드물게 나타난다. 일을 한다는 선택이 반드시 부부 생활이나 자녀, 가정생활을 포기하게 만들지는 않는다. 우리는 뒤에서 그들이 어떻게 이러한 소망을 이뤄내는지 살펴볼 것이다.

# 뛰어난
## 여성들이 원하는 것

    오늘날 높은 잠재력을 지닌 여성들은 무엇을 원하는가? 무엇을 꿈꾸는가? 나의 상담실을 찾는 여성 대부분은 가정생활과 직장생활 사이의 균형을 찾고자 한다. 나의 여자 환자들은 조화를 이루려는 소망을 매우 자주 말한다. 그런데 조화란 무엇일까? 그것은 전체를 이루는 부분들이 이루는 적절한 비율이다. 오늘날 여성들은 자기 삶의 여러 다른 측면이 구획되어 나뉘고, 그 사이에서 자신이 여러 조각으로 갈라져 있다는 느낌을 받는다. 여성의 영재성과 똑똑함, 지위는 시간의 흐름과 긴밀한 관계를 맺는 개념들임을 앞서 살펴보았다.

    균형을 찾으려는 것은 여성 잡지의 표제에는 등장하지만, 남자 영재들의 걱정거리는 아니다. 남자 영재는 자신이 느끼는 고독감, 다른 사람들과 풍성한 관계를 맺지 못하는 것, 자신이 살아가는 사회의 구조를 이해할 수 없고 사회가 여러 측면에서 위선적이며 거기에서 제자리를 찾지 못한다고 불평한다. 한편 여자 영재는 사람들이 자신에게 제시하는 여러 역할에서 뛰어나지 못하거나 갈피를 잡지 못하겠다고 불평한다. 그 여성 중 다수는 자신이 서로 모순되는 두 가지 욕망, 즉 자신을 성취하려는 욕망과 가정을 꾸리고 돌보려는 욕망을 동시에 지님으로써 덫에 걸렸다고 느낀다고 나에게 말한다. 그들은 남성적인 직업 경력에서 승승장구하는 바지 정장 차림의 슈퍼우먼 이미지와 완벽한 어머니, 완벽한 아내, 완벽한 연인의 이미지 사이에서 둥둥 떠다닌다는 인상을 받는다.

남자는 그와 같은 도전에 노출되지 않는다. 사람들은 남자에게 직장과 남편 및 아버지 역할 사이에서 균형을 찾았느냐고 묻지 않는다. 그에게는 자신의 생활에 필요한 비용을 댈 의무와 성공할 의무가 있다. 그에게는 어떤 종류의 직업에 종사할지 선택할 여지가 있으며, 사람들은 남자가 균형을 찾음으로써 활짝 꽃필 것을 기대하지 않는다. 여자에게는 '직장생활'과 '가정생활' 사이에 분리가 이루어지는 반면에, 남자에게는 '공적인 영역'과 '사적인 영역' 사이에 경계가 그어진다. 이미 이러한 용어 자체에서 문제는 여자에게 다른 방식으로 제시된다. 여자는 관계 속에 놓여 있거나 관계 속에서 자신을 정의 내리기 (이게 바로 문제다!) 때문이다. 직장생활은 동료와 맺는 관계에 연관되고, 가정 또는 사적인 생활은 가까운 가족들과 맺는 관계와 연관된다. 공적인 영역은 세계 전체로 확대되어 노출되는 것이다.

남자에게 기대되는 것과 여자에게 기대되는 것 사이에는 확실히 어떤 차이가 있다. 그 둘의 목표들이 다르다. 그렇다고 양성 각자에 내재된 본질적인 차이가 있다고 보는 것은 또 다른 문제다. 일반적으로 여자는 자신이 하는 활동보다 관계(자신이 맡은 어머니, 연인, 아내 역할) 안에서 자기 자신을 정의 내리는 경향이 있다고 사람들은 말한다. 친밀함이라는 개념이 여성의 삶의 핵심을 차지하는 반면에, 성취 개념이 남성의 삶의 핵심을 차지할 거라고 한다. 타인과 맺는 관계의 중요성은 너무도 많은 여성에게서 찾아볼 수 있기에(이른바 차별주의 페미니스트differentialist feminist인) 캐럴 길리건Carol Gilligan은 그것이 세상을 바라보는 여성의 고유한 내재적인 방식임을 입증해 보이려 했다. 그녀가 든 증거는 소수의 성공한 여성들이 자기 자신에 대하여 지닌 시선으로서, 길리건이 연구하고 어느 글에서 기술한 그 여성들은 자기 자신을 자신이 이룬 학술적 또는 직업적 공로로써 정의 내리는 일이 거의 없었다. 그들은 심지어 자신의 직업 활동을 자기 존재의 의미를 위협하는 요인으로 인식하기도 했다. 그 연구가 애초에 공표한 의도는 남성 세계에서 약점으로 간주되는 것, 즉 자신이 거둔 공적에 대한 관심 부족을 긍지로 변모시키는 것이었다. 자신의 약점을 강점으로 만드는 것은 물론 살아가며 발전하는 하나의 방법이지만, 정체성을 구축하는 데에 외부 요인들이 담당하는 역할을 가려내는 일, 하물며 그것이 편견인 경우에는 개인이 활짝 피어나기 위해서 반드시 필요하다. 여자가 다른 사람들과 맺는 관계 속에서 자신을 정의 내리는 경향이 있는 것은 (결코 증명된 적이 없는) 과학적인 진리이기보다는 여러 역사적 정황이 일치하여 생긴 결과다. 이 점을 마무리 지으면서 계몽 시대의 여성 문인 펠리시테 드 장리Félicité de Genlis의 말을 인용하겠다.

"'그 남자가 자기 말을 하게 만들었다'는 언제나 칭찬이다. 이는 곧 어떤 남자가 자신의 재능이나 활동으로 두각을 드러냈다는 뜻이다. '그 여자가 자기 말을 하게 만들었다'는 언제나 비난이다…. 이 말은 곧 어떤 여자의 행실이 나무랄 데 없지는 않음을 뜻한다! 그러니 우리 여성들은 유명해져서 진정한 영광을 얻는 일은 결코 없을 게 분명하다! 그러니 위축될 수밖에 없다."

오늘날 여성이 겪는 가장 큰 어려움은 수 세기에 걸친 역사의 결과라고 본다. 여성은 평등을 추구하는 투쟁에서 남자와 똑같은 처우를 요구할 권리를 얻어냈다. 그 처우가 특별대우라는 말은 아니며… 또 여자는 과거의 투쟁에서 쟁취한 것들을 거부할 권리가 없으므로, 현재 여성은 모든 이상들이 한데 응축된 단계에 와 있다. 충만한 삶을 사는 여자는 출세주의자에 모범적인 어머니로서 무르익은 성 생활을 누리며, 가능하면 날씬하고 예쁠 거라고 생각되는 것이다. 이러한 이상은 현장의 현실로 표현되어 오늘날의 여성은 여러 방향으로 뻗어가는 관심사에 대한 의무 또한 지닌다. 잠재력이 높은 여성은 모든 방면(배우자, 자녀, 친구, 가정, 공동체, 일)으로 열려 있고, 그렇기 때문에 그 하나하나의 움직임과 부름에 갈가리 찢기고 노출되어 있으며 예민하다. 그에 대한 증거로 다음 증언을 들 수 있다.

"엄마 노릇과 직장 일을 타협시키는 일은 참으로 힘들어요. 나는 가끔 막연한 공포를 느끼죠."

이렇게 두 가지 생활 (또는 두 가지 활동) 사이를 끊임없는 오가는 일에 덧붙여, 여자가 남자보다 더 자주 떠안는 가사일로 인한 정신적인 부담 때문에 느끼는 피로가 더해진다. 이 개념은 사회학에서 상당히 최근에 대두했는데(1984년[5]), 이는 사적인 생활의 의무들과 연관된 인지적 · 정신적인 부담으로서 직업 생활을 끊임없이 침해한다(장보기, 자녀를 학교에 찾으러 가기, 휴가 계획을 세우기, 주문한 세탁기 배달 오기를 기다리기, 배관공 부르기 등). 만화가 엠마Emma가 인터넷에 연재한 만화 「부탁했어야지Fallait demander」가 얼마나 사랑받았는지만 보아도 이 문제가 얼마나 널리 퍼져 있는지 알 수 있다. 프랑스에서 부부 생활을 하는 여자가 집안일의 50퍼센트 이상을 지속적으로 책임진다는 사실을 알고 있을 때, 가정생활과 직장생활을 행복하게 영위하려면 무수한 협상을 해내야 함을 쉽게 짐작할 수 있다.

"집에서는 항상 뛰어다녀요. 오후 8시 30분에는 애들이 숙제를 했는지 확인해야 하죠. 애들 아빠는 나보다 일찍 들어오지만 아이들을 챙기지 않아요. 매년 연초면 소진 상태에 빠지죠. 별안간 아침에 일어날 수가 없어요. 완전히 기진맥진해서 하루 종일 울고 다니죠."

물론, 자기 삶에서 균형을 찾으려고 고군분투하는 일은 모든 여성에게 주어진 몫이다. 단, 그러한 긴장은 영재 여성에게 각별히 심하다. 영재 여성에게 있어서 생활의 모든 영역에서 모범적이어야 한다는 것은, 학교에서 영재 여자 아동더러 모든 과목에서 일등이어야 한다고 요구하는 것과 똑같은 압박이다. 영재 여성은 완벽주의자고 자기 자신에 대한 기대 수준이 매우 높기에 여러 상황을 상대화하여 적당히 바라보기 무척 힘들어하고, 현대에 요구되는 여러 과제에 직면하여 쉽게 공황 상태에 빠질 수 있다. 모든 영역에서 동시에 이른바 우수함에 도달하거나, 살아가며 그 모든 측면에서 지속적으로 완벽한 균형을 유지하는 일은 신화에 불과하다는 사실을 깨달아야 한다. 영재 여성은 모든 면에서 훌륭해지려 하지 말고, 자기 삶을 이루는 가장 중요한 영역에서 필요한 힘과 자원을 구하도록 신경 써야 할 것이다.

# 삶을 살아가는 데
# 결정적인 선택 개념

무엇이 영재 여성을 확실히 행복하게 만들지 알아내기란 힘들다. 영재 여성은 최적의 직업 경력과 가정생활 중에서 하나를 선택해야 할까 말까? 그러한 선택은 또 언제 해야 할까? 영재성을 지녔으니 여러 가지 생활을 동시에 같은 수준으로 영위할 수 있지 않을까? 그 여성은 자기 에너지를 단 하나의 열정에 집중함으로써 더 행복해질까? 그녀의 발달 과정을 미리 예측하고 보장할 수 있을까?

오늘날 영재 여자 아동청소년들은 자기 꿈을 실현하고 조화로운 삶을 살고 싶다고 말한다. 현대의 영재 여성은 관계나 직업 중에서 무엇을 우선시해야 할지 선택하는 일에 관한 긴장을 끊임없이 관리해야 한다. 그녀는 이 둘을 조화롭게 뒤섞고, 개인적인 목표들을 가족의 욕구와 통합하고자 한다. 오늘날의 영재 여성은 재정적인 수입이든 두각을 나타내는 측면에서든 이전의 여성들보다 야심이 더 크다고 단언한다. 그렇다면 어떻게 해야 할까?

영재 여성의 발달 과정을 일직선의 경로로 그려 보이는 일은 힘들거나 아예 불가능하다. 하지만 위에서 인용한 장기간 행한 연구들과 최근에 수행한 연구들을 바탕으로 영재 여성에게 제기되는 문제와 딜레마들, 또 그들이 거기에 어떻게 대응하는지 종합해 볼수는 있다. 나는 영재 여성이 성인기에 이르러서 해야 할 서로 다른 선택들에 관계된 그 연구들의 결론을 다시 살펴보는 일이 흥미롭다고 생각했다.

# 자녀를 갖느냐 마느냐,
# 가정생활에 전념할 것인가 말 것인가?

터먼이 연구한 여성들 뿐 아니라, 지난 30년간 조사 대상이었던 여성들은 자녀를 갖고 양육하는 일이 기쁨의 원천이라고 말한다.

나는 임상 심리학자로서 나의 경험을 통하여 잠재력이 높은 여성이 자녀를 갖지 못할 때 다른 모든 여성과 마찬가지로 얼마나 고통 받는지 여러 차례 목격했다. 그 여성들이 자녀를 낳지 않은 것이 의도적인 선택의 결과인 경우는 드물었고, 그런 상황은 그보다는 자녀의 아버지가 될 사람을 만나지 못해서 더 많이 야기되었다. 그러한 독신 생활이 의도적인 경우, 이는 자녀에게 몸과 마음을 헌신하지 못할 거라는 두려움 때문이거나, 그들이 겪는 만성적인 존재론적 우울 때문에 자녀가 미래에 겪을지 모를 최악의 삶을 예측하기 때문이었다. 상황을 엄연히 아는데 과연 이 사회에서 자녀를 낳겠다고 선택할 수 있을까? 이는 이기주의적이고 무책임한 일이 아닐까? 지구가 겪는 인구 통계적, 생태학적, 경제적인 비극, 세계 각지에서 전쟁이 발발하고, 사회가 빠져드는 폭력 상황은 모든 영재를 혼란에 빠뜨린다. 영재 여성은 부당함에 직면해서 자연스레 반발하는 성향 때문에 증폭된 공감 능력으로 인해서 자신이 어머니가 되는 상황을 상상할 수 없다. 자신이 '정상'인지, 자신이 잘 해내고 주위 사람들을 행복하게 만들 능력이 있는지에 대한 의문은 그들을 소모시키면서 자신이 가정을 이룰 능력이 없다고 스스로 판단하게끔 만든다. 그들은 자신이 어머니가 된다는 사실을 검토할 때, 사랑과 헌신, 희생이라는 고귀한 가치를 기준으로 삼을 수밖에 없고, 결국 자신에게 그런 능력이 없다고 판단한다.

이런 일반적인 사항을 제외하면, 이번에도 잠재력이 높은 여성이 가정의 어머니로서 보이는 모습의 특별한 도식은 존재하지 않는다. 이는 각자의 성격과 받은 교육, 성장해 온 환경, 아이들을 좋아하는지 아닌지 등에 달려 있다. '다른 여성들'과 마찬가지로 잠재력이 높은 여자들 중에도 아기를 떠올리면 마음이 녹아내리면서 가정을 이루기만을 바라는 사람이 있는가 하면, 그에 대해 의문을 제기하는 사람이 있다. 직업 경력에 모든 것을 거는 여자가 있는가 하면, 가정에 모든 것을 거는 여자가 있다. 이 둘을 훌륭하게 결합하는 데 성공하는 여자들이 있지만, 이는 지적인 능력의 문제라기보다는 금전적인 능력의 문제(가사일과 자녀 돌봄에서 제대로 보조를 받는지 여부)이자, 가사를 분담하는 문제 및 배우자와 얼마나 마음이 일치해 현명한 삶을 꾸려 가는지에 달려있다.

여기에서 선택 개념을 강조하는 게 중요하다. 터먼이 연구한 영재 여성 중에서 연구 마지막 몇 해 동안 가장 행복한 이들은 자신이 좋아하는 일에 열정을 쏟고 자녀가 없는 여성들이었다. 그들은 두 가지 생활을 전면에서 이끌어 갈 가능성 문제에 직면하지 않았다. 1930년대에는 여자가 직업적으로 경력을 쌓으려면 가정을 꾸리는 일은 포기해야 했다.(미국의 여러 주에서는 기혼 여성이 직장에서 일하는 것을 금지하거나 제한했다) 자기 선택을 인정하고 일단 선택을 했으면 그 길로 나아가는 일이 지금보다 더 단순했다. 그런 극단적인 선택은 오늘날 별로 통용되지 않는다. 하지만 자녀를 가질지 말지에 대한 선택이 심사숙고 끝에 이루어지면, 자신의 서로 다른 생활 사이에서 균형을 찾는 일이 더 쉬운 것처럼 보인다. 영재 여성은 남들을 (자신의 배우자, 그리고 조부모가 되고 싶어 하는 자신의 부모를) 기쁘게 해 주려는 자신의 성향을 조심해야 한다. 어떤 선택은 스스로에 의해 충분히 의식적으로 이루어졌을 때에만 온전히 자기의 것이 될 수 있다.

자녀를 가지면서 직업에 전념하겠다고 선택한 여성들은 착수한 활동에 따라서 서로 매우 다른 나이에 자녀를 낳는다. 아주 이른 시기(학업 중)일 수도 있고, 아주 늦은 시기일 수도 있다. 그들은 여자가 보통 자녀를 낳는 나이가 아니라 자신이 원할 때 자녀를 낳을 수 있을 가능성을 요구할 것이다. "나는 20세와 40세 사이에는 주로 일에 전념했고, 그 이후에 엄마가 되었죠. 내가 한 선택은 다른 모든 사람과 같은 선택은 아니겠지만, 나한테는 참으로 좋은 선택이었죠."

그런 여성은 대다수가 확실히 야심이 크다. 대부분 하루에 10시간씩 일한다. 어떤 여자들은 직업 경력을 먼저 확고히 다지려고 자녀를 가질 시기를 30대, 심지어 그 이후로 미룬다. 어떤 여자들은 자녀를 적게 갖는다. 대다수는 직장에 머물러 있으려고 자녀를 오랜 시간 보육 기관에 맡겨 둔다. 하지만 일반적으로, 여자들은 사무실에 아주 늦게까지 남아 있고 직업상 여행을 여러 차례 가는 일이나 고객을 저녁 식사 자리에 초대하는 일, 또는 이사 가야 하는 상황 등을 남자보다 더 힘들어한다. 어떤 여성들은 자녀에게 문제가 생기면 월급을 매우 많이 받는 직장을 그만두기도 한다. "나는 내가 언제나 밖에서 일할 거라는 사실을 알죠. 하지만 나에게 무엇보다 중요한 것은 의심의 여지가 전혀 없이 내 아들이죠."

일과 자녀를 양육하는 일 사이의 이런 미묘한 균형 잡기 문제는 세계 어디에서든 찾아볼 수 있다. 하지만 여자들이 앞으로 수년 내에 회사에서 높은 직위에 도달할 거라는 사실에는 의심의 여지가 없다. 여자들은 과거보다 더 높은 교육을 받았고, 새로운 법들이 평등을 보장하는 방향으로 제정되고 있으며, 기업들은 여성들에게 더 유연한 근무 시간과 자택 근무 가능성 등을 제안함으로써 여성의 필요를 감안하기 시작했다.

예술 분야에서는 자녀를 갖는 것이 성공의 걸림돌로 보일 수 있다. 예술 작품 창작은 이따금 자녀 교육과 양립할 수 없는 활동으로 간주된다. 예술 작품 창작에는 시간이 많이 들고 강박적인 측면이 있다. 하지만 실제로는 다른 여러 분야와 마찬가지로, 여자가 예술 분야에서 능력을 한껏 발휘하는 일은 그녀가 지닌 자금력과 어머니 역할을 예측하는 방식에 크게 달려 있다. 어떤 여자들은 다른 사람에게 자녀 양육을 맡긴다는 생각에 죄책감을 느끼거나 자녀가 성장하는 모습을 보지 못하는 사실을 애석해한다. 사람들은 이런 태도가 호르몬 때문이라고 생각했다. 여자는 에스트로겐(평균적으로 여성이 더 많이 분비하는 호르몬)의 영향 때문에 자녀를 양육하는 데 시간을 들이려는 여성적인 욕망을 갖게 된다고 생각되는 것이다…. 현재의 연구에서는 그런 내용을 찾아볼 수 없다. 테스토스테론(평균적으로 남성이 더 많이 분비하는 호르몬)이 포유류에게서 사회적 경쟁과 지배 행동에 더 많이 연관된다는 사실이 더 확실히 밝혀졌으므로, 사람들은 여자가 그 호르몬의 수치가 낮다는 사실 때문에 경쟁하는 환경에서 성공할 확률이 더 낮다고 결론 내렸다….

여자가 자신이 하는 일에 남자보다 더 전적으로 몰두하게 되는 이유가 존재한다면, 그 이유는 또다시 남성 우위론적인 고정 관념에서 찾아보아야 할 것이다. 창조적인 영역에서 여자들은 남자의 천재성이 더 '우세'하고 '확고'하다는 오래된 상투적인 생각에 직면한다. 그러한 믿음은 현대 미술 시장을 선도하는 도시인 뉴욕에서 열리는 개인 전시 중에서 여성 예술가의 전시 수가 적은 현상의 이유다. 이러한 믿음은 또한 예술가가 여자인지 남자인지에 따라서 작품의 가격에 차이가 나는 이유도 된다. 『여자를 바라보는 남자를 바라보는 한 여자』에서 시리 허스트베트는 제2차 세계 대전 이후의 예술가들이 예술 시장에서 작품을 판 최고 가격이 그들 생전에 어땠는지 비교한다. 그때껏 팔린 가장 비싼 작품은 제프 쿤스Jeff Koons의 작품으로서 9,100만 달러에 팔렸는데, 이는 여성 작가의 작품 중에서 가장 높은 가격인 2,800만 달러에 팔린 루이즈 부르주아의 거미 작품의 가격보다 훨씬 높다. 과학 분야에서와 마찬가지로 여성 예술가는 남자 예술가들에게 부여되는 인정을 받으려면 역량을 두 배로 발휘해야 한다. 영재 여성의 경우에 대하여 마릴루 스트레즈네브스키Marylou Streznewski는 그보다 더 나아가 창조적인 직업 경력을 계속하는 일은 그 여자가 자율적이고 공격적이고 기업가 정신을 갖추었다는 조건에서만 실현할 수 있다고 말한다[6]. 영재 여성이 독립적이 되지 못하고 주위 사람들이 동의하거나 외부 환경이 갖추어지기를 기다려야 한다면, 그녀가 착수하는 일은 실패할 수밖에 없다. 영재 여성은 자기가 하는 일의 질을 가늠할 때 자신을 믿어야 한다. 자부하는 것이 아니라 자기 자신을 크게 신뢰하는 일은 그 어떤 목표든 이루어내기 위해서 반드시 필요하다고 나는 생각한다.

일반적으로, 어머니가 되는 일은 여자의 직업생활에 무시할 수 없는 큰 영향을 미친다. 자기 일과를 유연하게 관리하는 일은 자기가 하는 업무를 선택하는 데 있어서 중요한 기준이 된다. 자녀가 아플 때 자리를 비우거나 육아 휴직 기간을 연장할 수 있느냐 여부는 여자가 감안하게 되는 요인이다. 영재 여성 중에서 자녀 출생 이후에 직무를 변경하지 않는 사람은 드물다. 직장으로 돌아가고 예전과 똑같은 리듬을 되찾는 일은 심리 치료와 여러 연구에서 자주 거론되는 주제다. 그 여성들은 자신이 직접 선택한다고 생각하는 경우가 많지만, 사실 주어진 힘든 상황을 최대한 잘 활용할 뿐이다.

가정생활을 영위하면서 직업적 목표를 이루는 데 성공하는 여자들은 가정에서 지지를 받는다. 배우자에게 일정한 몫을 책임지도록 요구하는 일은 지지를 얻어내기 위해서는 핵심적이라고 보인다.

# 자신의 야망을
# 줄이느냐 마느냐

가정을 꾸리려는 의지와 직업 세계가 가하는 압력 때문에 여자는 자신의 야망을 낮게 조절할 수도 있다. 똑똑한 여자를 위협하는 위험은, 무수한 변수 때문에 그러한 선택을 하게 되었음에도 불구하고 그것이 자기가 스스로 한 선택이라고 확신할 수 있다는 점이다. 바버라 커가 썼듯 영재 여성 대부분은 고고하게 자신의 야심을 포기하고, 세상에 기여하려는 자신의 욕구에 부응하는 다른 방식을 찾아낸다. 의미 추구가 영재를 이끄는 원동력 중 하나임을 상기하자. 그러므로 잠재력이 높은 사람은 의미를 찾아내는 일에 몰입하고, 아무런 의미를 찾지 못하는 곳에서는 도망치는 경향이 있다. "나는 내가 떠나야 한다고 확신해요. 사무실 사람들이 대단하다고 생각했지만, 지금은 그들이 청구서 작성하는 일만 아는 소나 말처럼 보여요.", "나는 사무실에서 질 높은 상호작용을 제대로 하지 못해 괴로워요. 내가 하는 일에 무슨 의미가 있는지 더 이상 모르겠어요.", "나는 점점 더 괴리를 느껴요. 지루하고 내 자리를 찾기가 힘들죠. 나는 자주 직장을 바꾸게 돼요."

영재 여성은 직장에서 자기가 원하는 행복을 찾아내지 못하면, 금전적·가정적 여건이 괜찮기만 하면 직장을 포기할 것이다. 이러한 결정은 문제를 미리 회피해버리는 일일 수도 있다. 잠재적인 능력을 보면 성공해야 할 텐데 성공하지 못한다는 부끄러움과 환멸이 그녀를 시합에서 기권하게 만들 수 있다. 그러면 괴로워하게 될 위험이 있다. 똑똑한 여자는 질문을 던지고 발전하고 성장할 필요를 느끼기 때문이다. 만일 그녀가 직업 세계에서 멀리 떨어져 스스로 선택한 삶에서 발전할 전망(집을 짓기, 정원을 만들기, 예술적인 소질을 계발하기, 단체 생활에 적극적으로 가담하기)을 찾지 못한다면, 자신이 구축했을지도 모를 것을 저버렸다는 생각이 나중에 반드시 들 것이다. "나는 이것이 삶의 한 시기고, 언젠가 나의 삶이 다를 거라는 느낌이 들어요. 나는 전형적인 모델을 가지고 나 자신을 상상하지 않고, 새로운 것을 필요로 하죠."

미국에서 장기간 실시한 모든 연구에서 공통적으로 밝혀진 점은, 자기 꿈과 기대를 줄이기로 선택한 40세 여성 대부분은 자기 삶에 덜 만족하고, 어쩔 수 없이 닥칠 상황인 자녀 독립에 준비가 덜 되어 있다는 사실이다. 내가 여러 프랑스 여성들과 만나고 내린 결론도 이와 일치한다.

# 성공한 영재 여성에게
## 가장 중요한 것

모든 영재 여성이 고통 받는 것은 아니다. 많은 영재 여성은 비록 여러 어려움에 부딪친다는 사실은 인정하더라도 자신이 행복하다고 고백하면서 자신의 영재성이 성공에 유리한 조건이었음을 인정한다. 그 조건을 분석하고 자기 성격에 맞추어 잘 투자했을 때 말이다. 어느 영재 여성은 이렇게 말한다. "정말이지, 영재 여성이면서도 흥미롭고 조화로운 삶을 살기 위해서 정신 의학자나 심리학자를 찾아가서 엄청난 돈을 쓸 필요가 없을 수도 있어요!"

이는 다행스럽게도 옳은 말이다. 일반적으로 자기 직업에서 발전하는 여자들은 그 남편이 집안일의 일부를 도맡고 아내를 지지한다. 그 여자들은 자녀를 돌보기 위한 보조 인력과 좋은 학교를 찾아냈다. 그래서 그들의 꿈은 타격을 받지 않았다. 미국에서 이루어진 연구들에 따르면 30대에 독신인 잠재력이 높은 여성이 점점 더 늘고 있다. 그들 대부분은 자신이 지닌 어떤 생각과 사랑에 빠졌고, 거기에서 일상을 살아갈 원동력을 얻는다. 그들은 사업이나 직장에서 자기를 충만하게 실현한다.

시스템에서 벗어나거나 활동을 늦추겠다고 선택하지 않았기에 직장에서 활짝 꽃피는 여자들은 그에 대한 결실(돈, 안정적인 형편, 친구 집단)을 거두기 시작한다. 그들은 마태 효과(Matthew Effect)[7]라 부르는 것의 혜택을 보는 여성들이다. 즉 그들이 많은 성취를 이룰수록, 일에서 발전하고 재능을 꽃피울 기회를 계속 더 많이 축적하게 된다.

영재 여성에게 가장 중요한 것은 선택의 여지를 지니는 일이다! 자기에게 맞는 직업, 즉 자신의 능력을 숨길 필요가 없으며 본모습을 그대로 내보이면서 자신의 다름 때문에 고통받지 않고 그러한 차이를 온전히 누릴 수 있는 직업을 찾는다는 선택 말이다. 나는 그러한 방향으로 나아가는 어느 잠재력 높은 여성에게서 다음과 같은 증언의 글을 받고 무척 행복했다.


"내 경우에는 남들과 다른 나의 지적 능력 덕분에 직업적인 위계에서 정상에 올라서게 되었죠. 나는 최고 경영자를 지원하는 비서라는 나의 단순한 직무를 개선하려고 최선을 다해요. 학위는 필요 없죠. 나한테 그런 것이 필요하다는 느낌을 전혀 받지 않으니까요.

나의 도전은 바로 다르게 생각하는 나만의 방식으로 인정받는 것
이죠."

# 내면의 위기,
# 40대 영재 여성을 버티게 해 주는 것

"내가 지금 여기에서 무얼 하고 있나? 의미가 뭔가?", "나는 누구인가? 왜냐하면 나는 과거의 내가 아니니까." 41세 안나. 이러한 질문들은 많은 영재 여성이 살아가며 어느 나이에나 제기한다. 바버라 커는 똑똑한 여성이 40세에 느낄 수 있는 것을 감동적으로 그려낸다[8]. 위에서 인용한 여성 환자처럼 그러한 여성은 어느 순간에 삶이 고작 이런 것에 불과한지 스스로 묻는다. 그러면서 자신이 잠재력을 기르고 자기 삶을 통제하던 고등학교와 대학교 시절을 떠올린다. 그때 그녀는 자기가 세상에 무언가를 기여하고, 나의 여자 환자 중 한 명의 말을 빌자면 자신이 "무언가 상당히 근본적인 것"을 후대에 남길 수 있을 거라고 여전히 생각했다. 하지만 삶은 흘

러갔고, 그녀는 사랑에 빠졌고, 가정을 꾸렸고, 자녀를 키웠다. 그녀는 그 모든 작은 세계를 위해 노력하는데, 예전에는 자신이 한 어떤 선택이라고 보였던 것이 이제는 희생으로 보인다. 별안간 다음과 같은 생각이 불쑥 든다. "나는 내가 특별한 삶을 살 거라고 생각했는데, 아무것도 새로 만들어낸 것이 없어. 나는 가차 없는 일상의 흐름에 휩쓸려 사로잡히고 말았어."

자기 꿈을 이루려 계속 노력하지 않는 영재 여성은 우울함에 빠질 위험이 있다. 미국 여성 캐슬린 노블Kathleen Noble은 위와 같은 생각들에 뒤이어 올 수 있는 국면을 기술했다[9]. 먼저 똑똑한 여성은 자기 자신과 타협하려 할 것이다. 삶이 그리 나쁘지는 않으며, 자기를 둘러싼 사람들이 자기를 사랑하고 지지한다고 스스로 설득할 것이다. 그러면서 현상을 유지하려 하면서, 이런 상황이 계속될 수는 없다고 말하는 작은 목소리를 잠재우려 더욱 애쓸 것이다. 그런 노력은 처음에는 결실을 본다. 자신이 이제껏 애써 구축해 온 것을 구하기를 무엇보다 간절히 원하기 때문이다. 그녀는 사람들이 자기에게 자주 한 말을 상기한다. 이기주의적이어서는 안 되고 주어진 책임에서 도망치면 안 된다고. 하지만 이를 곰곰이 생각해 보면서 그녀는 자신을 성취하도록 도움을 주는 말은 한 번도 들어본 적이 없다는 사실을 깨닫는다. 그런 방향으로는 그 어떤 조언도, 단언도, 단호한 명령도 들은 적이 없다. 캐슬린 노블이 "깨어나라는 부름"이라고 부르는 것에 응답하기에 앞서, 영재 여성은 피로하고 과민한 상태에 이르고 극도로 압박을 받는다는 느낌이 든다. 그러다가 그녀는 결정을 내린다. 상황을 바꾸도록 갑자기 행동하게 만드는 힘은 공들여 구상한 논리보다는 살아야겠다는 다급함에서 생긴다.

40세에 충만해 보이는 삶을 사는 영재 여성이라도 그러한 존재론적인 위기에서 완전히 벗어나 있지는 않다. 잠재력이 높은 여성은 가끔 피로에 지치고 몇몇 의문을 제기하기는 하지만 그럭저럭 잘해나가는 데 성공했더라도, 별안간 그 모든 일의 의미가 무엇인지 스스로 묻게 될 수 있다. 그러한 계기가 되는 사건은 누군가의 죽음이나 직장에서 겪는 넘어설 수 없는 장벽, 똑똑함이나 창조성으로도 해결할 수 없는 어떤 문제에 맞닥뜨리는 일일 수 있다. 성공적으로 살아왔을수록 실패를 스스로 인정하기란 힘들다. 따라서 많은 사람에게 그러한 깨달음은 외부적인 사건 때문에 생긴다. 자신의 일상에서 불만족스럽다는 사실을 인식하든 아니든, 그 여성들은 느닷없이 생기는 일에 더 취약하거나 개방되어 있다. 새로움에 대한 욕구, 미지에 대한 유혹, 누군가를 만나 사랑에 빠지는 일이 생기면 이제껏 자신이 구축해왔고 견고하다고 믿어온 것에 안착해 있던 그들은 혼란에 빠진다. 승진 경쟁, 자신은 제쳐두고 다른 사람들을 돌보아야 한다는 욕구 등 그들의 삶을 이제껏 이끌어온 모든 원동력이 순식간에 사라지고 의미를 추구하는 데에 온 마음이 집중된다. 놀랍게도 영재 여성 대부분은 이러한 변모의 시기를 거치면서도 가족의 욕구에 주의를 기울이고 일을 계속 할 수 있다. 이러한 혼란이 배우자를 바꾸거나 이사를 가거나 별안간 직장을 그만두는 극단적인 상황으로 이어지는 경우는 드물다.

한창 내면의 위기를 거치는 가운데에도 영재 여성을 버티게 해주는 것은 바로 그들이 자기 삶에 의미를 부여하는 것에 바치는 헌신인 것 같다.

# 결혼하지 않고
# 자녀도 갖지 않은
# 여자가 가장 행복했다

"경험은 행동보다는 우리가 보는 것과 한 일에 대하여 심사숙고함으로써 습득된다고 하지만, 나의 경험은 내가 착수하기 시작하는 일로써 많이 풍성해질 수 있다." 프랑스 혁명의 주요 인물 중 한 여성인 잔마리 롤랑Jeanne-Marie Roland은 40세에 콩시에르주리Conciergerie 형무소에서 쓴 자신의 『특별한 회고록Mémoires particuliers』을 이런 말로 시작하는데, 그녀의 이러한 고찰은 그녀보다 더 나이 많은 영재 여성에게도 적용될 수 있다. 여러 장애물과 싸움, 가끔은 실패를 겪으면서도 영재 여성은 자신의 적응 능력을 활용해서 삶을 변모시키고 자신이 느끼는 불만족을 넘어선 것처럼 보인다. 50세부터 그 여성들은 자기 정체성을 더 편안하게 느낀다.

여자 '흰개미'들이 62세에 자기 삶을 바라보는 시선은 흥미롭다. 그들은 전업 주부, 직업을 가진 여성, 이 둘을 결합한 여성 세 집단으로 나뉜다. 그 연구 결과에서 참고로 알아둘 점은 결혼하지 않고 자녀도 갖지 않은 여자가 가장 행복했다는 사실이다. 자녀를 가진 여자들은 자녀를 행복의 주요한 원천으로 간주했다. 직업적 목표를 달성한 여자들은 자기 삶에 만족해했으며, 노년을 행복하고 적극적으로 보냈다. 가장 덜 만족한 여자는 과부이거나 이혼했고 일하지 않았으며 생활고를 겪는 여성들이었다. 전업주부 중 많은 이가 직장생활을 하겠다고 선택하지 않은 일을 후회했다. 또 다른 흥미로운 점은: 자신이 행복하다고 단언한 여성들은 그 이전에 직장을 가졌던 경우에 자신의 직업 경력을 중시하지 않았다. 그들에게는 자신이 중시하는 가치와 깊은 연관이 있는 행동들만이 (착수한 일의 최종 결과가 어떻든 간에) 만족감을 가져다주었다. 그들은 시대가 자신에게 가하는 장벽에 적응했고, 과거에 자신이 겪은 어려운 순간들을 유머러스하게 말했다. 다음은 그들이 한 말의 일부다.

"이혼은 내가 가장 잘 한 일 중 하나지만, 아무도 그런 일에 상을 주지는 않지요."

"나는 어떤 분야에서 내가 유명해질 줄 알았지만, 학교를 졸업한 다음에 그 생각은 포기했어요."

"나는 월급쟁이 노예일 뿐이지만, 한때는 '이런 일을 하라고 나한테 돈을 준다니 믿을 수 없어!'라고 말할 수 있었죠."

"성취할 수 있는 일에는 한계가 없다는 사실을 알게 됐어요. 그 영광을 누가 가져가는지만 무시할 수 있다면 말이죠. 나는 주목을 받는 것을 좋아하지 않아요. 목표를 달성하는 게 좋을 뿐이니까, 다른 사람들이 영예를 차지하게 내버려 두죠. 세월이 흐르면서 내 몫의 보상을 거두었고, 그 하나하나에 대해 감사해요. 하지만 그 어떤 일에서든 대표가 되거나 최고가 되는 일은 더 이상 원치 않아요. 나는 (단체에서, 누군가의 삶에서) 두각을 나타낼 능력이 있지만, 지금은 그렇게 해서 내가 기쁨을 느낄 때에만 그렇게 하죠."

폐경 이후에 시작되는 삶의 시기는 잠재력이 높은 여성에게 풍성한 시기다. 내분비학 연구들에서는 호르몬이 거기에서 어떤 역할을 담당한다고 주장한다. 월경 때문에 신체적으로 힘겨웠던 여성이라면 월경이 끝남으로써 삶이 더 홀가분해지고, 옥시토신 분비가 줄어들어 자기 자신을 돌보게 된다. 남자보다 여자에게서 더 많이 분비되는 그 호르몬은 타인을 돌보게 만든다고 한다. 그러한 결론을 내리는 주요한 이유는, 자녀를 출생한 후 수유기와 양육기에 어머니의 뇌에서 그 호르몬이 생성되기 때문이다. 그 호르몬이 모성적인 행동을 하게 만든다고 보여 주는 실험들은 동물을 대상으로 이루어졌으므로(그리고 그 실험들의 결과는 동물의 종마다 다르므로), 그 결론을 적용할 때에는 신중해야 한다. 호르몬이 미치는 영향력이 어느 정도든 폐경은 두뇌 노화의 한 단계는 아니다. 임상의학자들은 다음과 같은 사실에 모두 동의한다. 즉 일이나 자신이 좋아하는 것에 몰두하거나, 다시 공부를 시작하는 여성들은 정신적·신체적 측면에서 그러한 변화를 더 긍정적으로 체험한다. 잠재력이 높은 여성에게 인생의 그 순간은, 자녀가 독립했든, 이혼 문제를 처리해야 하든 활력을 되찾을 절호의 기회다. 그들이 자기 삶에 의미를 부여하려는 경향은 그들에게 강력한 동기로 작용한다.

# 늙음 너머에 도달할 때,
## 당신에게 유일한 현실

영재 딸을 둔 부모는 자녀가 어떻게 성장하고 어떤 어른이 될지 자주 궁금해 한다. 하지만 어떤 유형의 노인이 될지에 대해 생각하는 일은 결코 없다. 마치 교육이 늙어가는 방식에 엄연히 영향을 미친다는 사실을 잊어버리는 듯 말이다.

노년에 여자 '흰개미'들은 질병을 견뎌내야 하는 상황이 아니라면 일반인보다 더 행복했다. 질병이나 일부 신체적 쇠약 상태에 처했을 때 그들은 상황에 적응해서 자신을 돌보았다. 노화에 대한 긍정적인 태도는 장기적으로 영향을 미친다. 60대에 긍정적인 태도를 지닌 영재 여성들은 80세, 그리고 그 이후에 신체적, 심리적으로 더 건강했다. 그들 중 일부는 정신적으로 평정한 상태에 도달했는데, 이는 그들이 젊어서 자신의 부정적인 감정을 관리하고 긍정적인 감정을 키우는 방법을 배웠기 때문이다. 수학자이고 대학교수이자 연구원인 테레즈를 나는 결코 잊지 못할 것이다. 80세가 넘은 그녀는 나의 여자 환자 중 나이가 가장 많았는데, 그래도 젊은 연구원들과 계속 관계를 맺고 있었다. 능동적이고 열정적인 그녀는 우리가 면담을 할 때에 절판된 자신의 책 한 권을 재판하는 작업에 몰두하고 있었다.

아네마리 로퍼Annemarie Roeper는 영재 아동을 위한 초창기 학교 중 하나와 『로퍼 리뷰Roeper Review』(영재 아동 교육 분야에서 가장 중요한 잡지 중 하나)를 창설한 인물로서 영재의 노화에 관심을 둔 드문 인물이다. 그녀는, 우리가 점점 더 오래 살지만, 그렇게 추가적으로 얻은 몇 해 동안 어떻게 살아가고 무엇을 해야 할지에 대한 기준이 거의 없다고 말했다. 그녀가 보기에 이 문제는 80세~90세의 사람들에게 더욱 첨예하게 제기된다. 아네마리 로퍼는 어쩔 수 없이 겪는 건강, 자유, 지위 등의 상실을 검토한 다음에, 늙은 영재들이 해야 할 중요한 과업이 있다고 단언한다. 바로 "대답 없는 질문들과 삶의 신비를 받아들이는 일"이다. "늙음 너머에 도달할 때, 당신에게 유일한 현실은 미지의 세계다."

노년의 영재들에게 주어진 과제는 지적 능력을 유지하고 이를 계속 사용하는 일이다. 이로써 자신의 자기(self)와 독립성을 유지할 수 있다. 덜 독립적인 이들의 경우에는 자신의 자유를 유지하는 일과 다른 사람들을 신뢰하는 일 사이에서 적절한 균형을 찾도록 노력해야 할 것이다.

# 높은 잠재력 실현을
## 방해하는 내적 장애물

내가 앞서 요약한 연구 대부분은 북미 여성을 대상으로 이루어졌다는 사실을 상기시키고자 한다. 그들의 사회는 우리 프랑스 사회와 다르다. 북미 여성들의 사례를 보면, 잠재력이 높은 여성이 직업이 무엇이든 어떤 경력에 몰두해야 할 의무가 있다는 생각을 하게 될 수 있다. 하지만 나의 견해는 다르다. 나는 직접 면담한 프랑스 여성들에게서 여러 공통점을 다시 찾아볼 수 있었다. 다시 한번 말하지만, 영재성은 시선의 문제, 즉 세상을 파악하고 느끼는 어떤 독특한 방식이다. 영재라고 해서 벌이는 사업에서 반드시 성공하는 것은 아니다. 많은 영재 여성에게 뛰어남은 극단적인 다름이자 고통의 원천으로 체험된다. 반면에, 그 다름을 이해하고 진단 내리는 것은 더 나은 삶으로 나아가는 열쇠다. 프랑스에서 영재 여성을 특수하게 다룬 연구가 더 많이 수행되기를 바랄 뿐이다.

왜 잠재력이 높은 여성을 영향력이 큰 직책이나 과학계에서 더 많이 찾아볼 수 없는가? 이 질문은 계속해서 다시금 제기된다. 만일 여성이 남성만큼 똑똑하다면, 어째서 요직을 차지하는 여성이 더 많지 않은가? 또 어째서 여성은 과학계에 더 많이 존재하지 않는가? 1960년대 페미니스트 혁명 이후로 여성이 사회적·직업적으로 여러 권리를 획득했음은 부인할 수 없다. 현재 여성은 대다수가 고등 교육을 받으며, 직업에 종사해서 재정적으로 독립적이 되겠다는 생각을 하지 않는 여성은 거의 없다. 일부 직업에 종사하려면 반드시 치러야 하는 선발 시험들(예를 들어 변호사, 의사)에서는 진지하고 끈질긴 자세로 임하는 여성들이 통과한다. 그렇다면 어째서 과학 분야의 노벨상을 받은 이들 중 여성은 3퍼센트에 불과할까? 어째서 프랑스의 시에이시 40(CAC 40. 파리 증권 거래소 시가 총액 기준 상위 40대 기업―옮긴이) 기업의 대표 중에는 여성이 단 한 명(소피 벨롱Sophie Bellon)밖에 없는가?

영재성이 있다고 성공이 보장되지는 않는다는 사실을 다시 떠올릴 필요가 있다. 거짓 자기, 완벽주의, 강렬함, 흥분성, 자신감 부족, 자기비판 등 높은 잠재력을 실현하는 일을 방해하는 내적인 장애물이 얼마나 많은지 나는 여러 차례 말했다. 더욱이 지능 지수는 성공과 관련이 없다. 스콧 배리 코프먼Scott Barry Kaufman은 지능 지수 검사에서 높지 않은 점수를 받은 사람들이 자기 분야에서 명성을 쌓을 수 있음을 증명해 보인다. "지능은 어떤 일에 착수하는 것과 개인적인 목표 추구 능력 사이의 역동적인 상호 작용이다.[10]"라고 그는 적는다. 많은 영재 여성에게 부족한 끈기와 자신감은 성공의 가장 중요한 요인이다.

이런 현상의 원인이 되는 외부적인 장애물은 꽤 많다. 일단, 교육과 가족의 지지 부족으로 여성들에게 불리한 고정 관념들이 유포된다. 성공하기 위한 두 가지 핵심적인 특성인 경쟁심과 야망을 여자 아동이 보이면 남자 아동이 그럴 때보다 덜 좋게 여겨진다. 여성이 그런 특성을 드러내면 덜 여성적이라고 판단된다. 어떤 연구들에 따르면, 여자 아동은 다른 아이들과 경쟁하는 일을 피하거나, 자기가 다른 아이들보다 더 뛰어날 게 확실할 상황을 회피한다. 여자 아동은 그런 상황으로 야기될 사회적인 결과를 두려워한다. 일부 대기업의 경직성, 여성 선배의 지지 부족 때문에 여성들은 회사를 그만둔다. 과학 분야에서 차별은 계속되며, (주로 미국에서 시행되는) 여성 할당제도 별 효과가 없다. 그러한 정책에 내포된 관점은 변화시키기 힘들고 스트레스 상황에서 다시 나타나기 때문이다. 결론적으로, 여성은 보통 자연 과학에 재능이 덜하다고 생각된다. 이런 믿음은 수치로 뒷받침된다. 과학이나 공학, 수학, 기술 분야에 종사하는 여성의 비율은 여전히 낮아서 유럽 공동체 내에서 25퍼센트이다. 2014년에 로레알L'Oréal 재단은 과학계를 선택한 고등학교 여학생의 비율이 매우 이상적인 비율인 49퍼센트에 이르지만, 그 비율은 학부 과정에서 32퍼센트, 연구 과정에서 29퍼센트, 학계 고위직에서는 11퍼센트로 떨어진다고 지적했다. 영재 여성은 과학적 추론 능력이 높지만, 그 대다수가 과학 분야를 선택하지는 않는다. 영재 여성도 편견의 영향을 받는다. 과학 분야에 종사하는 여성이 더 많아지려면 여성이 어릴 때부터 그 분야로 가도록 격려해야 한다. 더욱이, 화이트 하우스 프로젝트White House Project 단체의 마리 윌슨Marie Wilson의 말을 인용하자면 "그대는 그대가 볼 수 없는 것이 될 수 없다(You can't be what you can't see)", 즉 여성은 자신의 운명을 상상하고 특히 자기 운명을 믿기 위해서는 직접 볼 수 있는 모델을 필요로 한다. 1970년대와 1980년대에 많은 여성이 종사한 정보 처리 분야는 이 현상을 잘 보여 준다. 당시에 정보 처리 기술자는 사무실에서 일하는 과학자로 간주되었다. 기술자에 대한 이러한 관점은 여성에게 "문화적으로 용납 가능"했다. 1990년대에 이 직종은 비디오 게임에 관련 직종과 그 분야의 급상승한 금전적인 매력 때문에 남성화하고, 그 분야에 종사하는 여성 기술자의 수는 감수한다. 이는 얼마 되지 않은 과거의 일임에도 불구하고, 구글Google에서 일하는 어느 남성 기술자(그는 그 이후에 해고되었다)는 2017년에 동료들에게 남녀의 생물학적인 차이(잉태 기간 중에 테스토스테론에 노출된다는 잘 알려진 가설) 때문에 자기가 종사하는 직종에 여자가 부족하다고 단언했다.

끝으로, 남자와 여자는 설정하는 목표가 같지 않다. 성공한 삶은 남자와 여자에게 똑같은 의미를 띠지 않는다. 남자 아동에게 성공을 이루는 요소로 주입시키는 가치인 영예, 사회적 지위, 돈에 이끌리는 여성은 높은 학위를 지닌 여성 중에도 매우 적다. 여성이 드디어 성공의 열쇠를 쥐게 되었는데 어째서 최고 경영직에 여성의 수가 적은지 문제를 제기하고 다룬 어느 글에서, 미국의 기자인 리사 벨킨Lisa Belkin은 자신이 취재한 결과, 초기에 장래가 매우 유망한 여성 세 명이 자녀를 출산한 후에 고위직을 그만두고 전업주부가 되기로 결정한 내용을 전한다. 위 질문에 대한 답은 간단하다. 여성들은 최고 직위에 머물러 있기를 원치 않는다. 그 여성들은 모두 여섯 자리 숫자에 이르는 연봉을 포기하고 자녀를 양육하기를 선택했다. 그들은 모두 권력이나 돈이 아닌 다른 가치들을 지향하는 충만하고 분별 있는 삶을 선택했다. 그리고 그중 아무도 그 사실을 후회하지 않는다.

## 제6장

" 삶의 균형은 불가능한 신화다 "

내 존재를 만드는 것

　다채로운 삶을 영위하는 것은 자기 삶의 모든 영역에서 최고에
이르는 것이 아니다. 다채롭지만 만족스런 삶을 위해서는 일부 영
재 여성들이 말하듯 사생활, 가족생활, 직업생활 등 모든 생활들을
정렬할 필요가 있다.

　최고의 삶을 살라.

　반드시 성공한 삶은 아니며, 다른 누군가의 삶이 아닌, 당신만의
최고의 삶을 말이다.

　어떻게 하면 될까?

# 성공 개념을
# 다시 정의 내리기

성공이란 무엇인가?

어떤 목표가 잘 수행되고, 기대들이 충족되는 것이다.

성공한 삶이란 무엇인가?

어쩔 수 없이 따라가는 삶이 아닌 자신이 통제하는 삶으로서, 한 가지 또는 여러 가지 목표가 그 뱃머리를 이루고 그 목표를 하나하나 성취해감으로써 우리가 행복해지는 삶이다. 그러므로 스스로 목표를 부여하는 일은 행복을 추구하는 과정에서 필요한 단계다. 목표를 부여하지 않으면 당신은 바다에서 길을 잃을 것이다.

지배적인 흐름, 강요되는 모델을 따라 가려는 유혹은 누구에게나 크다. 그러한 흐름이 무엇이든 영재 여성이 그 흐름을 따라감으로써 활짝 피어날 가능성은 거의 없다. 그 흐름은 영재 여성의 차이점을 감안하지 않을 것이기 때문이다. 사람들은 영재 여성이 남성이 지배적인 환경에서 뛰어날 거라고, 남자처럼 혹은 남자보다 더 잘 성공할 거라고 생각했다. 하지만 영재 여성은 삶의 어느 시기에 지위와 돈, 권력 중 하나를 획득하는 데 성공했더라도 그것으로 만족하지 않는 것처럼 보인다.

잠재력이 높은 여성은 자신이 직접 내리지 않은 성공에 대한 정의를 벗어 던져야 할 거라고 나는 이미 말했다. 성공한 삶은 무엇보다 우리 자신을 위하여 우리에게 만족스런 삶이다. 아무도 그 삶을 우리 대신 살 수는 없다. 돈은 물론 삶에서 중요한 위치를 차지할 수 있다(이 점은 홀로 자녀를 키우는 잠재력이 높은 여성들이 자주 거론한다). 이 문제를 지적하는 영재 여성은 돈이 자유를 획득하는 하나의 수단이라고 말한다. 마찬가지로 그들은 사회적 지위(어느 기업, 신문사, 연구소, 부서의 대표)를 그 지위가 부여하는 권력 때문에 중시하는 일이 거의 없다. 그 여성들이 위계상 높은 지위에 관심을 갖는 이유는 자극과 도전, 그 지위가 개인적인 탐색을 위하여 제공하는 여러 수단 때문이다.

삶을 경쟁으로 간주하는 영재 여성을 나는 한 번도 만난 적이 없다. 다른 사람들과 맺는 관계는, 고통을 피하기 위해서 유익한 관계를 맺으려 하거나 아예 관계를 맺지 않는 등 여러 가지 방식으로 체험된다. 잠재력이 높은 여성은 목표를 정의 내릴 때 대체로 일단 부모를 기쁘게 하려고 하지만, 접어든 길이 지루하거나 자신을 불행하게 만들기 때문에 금방 또는 뒤늦게, 힘겹거나 손쉽게 방향을 바꾼다. 다른 사람들의 시선에서 벗어나기란 극히 힘들다. 다른 사람들의 권위가 약해 보여도, 그들 사이에서 제자리를 찾으려는 욕구 때문에 영감을 주는 삶의 모델을 외부에서 구하려 하게 된다. 르네 지라르René Girard는 이러한 심리적인 기제, 즉 다른 사람이 원하는 것을 원하게 만드는 모방 욕구를 이론화했다. 그런 기제에서 벗어나거나 이를 피하려면, 자기 내면에 집중하는 게 더 낫다.

어떻게 자신의 목표를 선택할까? 어떻게 자기 자신을 선택할까? 단, 이때 삶이 존재하며 시시각각 우리를 붙잡으니 이를 관리해야 한다. 어떻게 균형을 이룰까? 어떻게 모든 것을 갖고 모든 것을 만족시킬까? 다시 중심을 잡는다는 것은 아름다운 생각이지만, 가끔은 그 일을 실현할 시간이 부족하다. 행복 추구는 잠재력이 높은 여성 대부분에게 균형 찾기를 통하여 이루어진다. 장기적으로 적용 가능한 마법 같은 공식이 존재하지 않기에 균형을 찾기란 더욱 어렵다. 우선순위는 끊임없이 바뀐다. 가끔은 직장이 가장 중요하고, 다른 시기에는 자녀가 우선시된다. 부부 관계는 대체로 자녀보다 뒷전으로 밀린다. 영재 여성이 기대 수준이 높다는 사실은 상황을 더 힘들게 만든다. 높은 요구는 강점이고 일을 잘 해내게 만들지만, 스트레스의 원인이 되고 과로하게 만들 수 있기 때문인데, 이런 상황은 포기하도록 스스로 허락하지 않는 영재 여성에게서 아쉽게도 너무나 자주 벌어진다. 스트레스가 신체화해서 몸이 아파 병가를 얻은 다음에야 그들은 자신의 상태에 귀를 기울인다.

이렇게 균형을 추구하느라 애쓰는 가운데, 원기를 충전할 시간이 얼마나 남을까? 대체로 그런 시간은 전혀, 또는 거의 없다. 치료를 받기로 한 여성들에게 치료의 초기 단계 중 하나는 성악이나 음악, 그림, 스포츠를 하는 시간, 또는 그저 단순히 자유로운 시간을 다시 갖는 일일 테다. 잠재력이 높은 여성은 무리하는 상황을 피하기 위해서 자신의 감각을 믿고 어떤 기능 장애가 생기는지 세심히 살펴야 한다. 자기 몸과 마음에 귀를 기울이고 자신이 맡을 수 있는 일과 없는 일에 한계를 정하는 방법을 배우고, 배우자가 있다면 그에게 그러한 자신의 한계를 말해야 한다. 그렇게 한다면, 배우자와 끊임없이 협상할 필요가 없을 테다. 당신의 욕구가 무엇인가? 당신 배우자의 욕구는 무엇인가? 당신에게 평등한 관계란 무엇인가? 안 되겠다고 말하고, 가까운 사람들에게 도움을 요청하고, 남에게 일을 맡기는 방법도 배워야 한다…. 그런 다음에 당신이 원하는 것이 무엇인지 질문해 볼 수 있다.

# 올바른
## 질문을 던지기

최대한 일찍 던질수록 좋지만, 늦더라도 다음과 같은 질문을 심각하게 생각해 보는 게 좋다. 남편 또는 배우자가 있는 것이 당신에게 중요한가? 독신으로서 자기 직업에 많은 시간을 투자하는 게 더 좋은가? 배우자가 당신의 목표를 이해하고 당신을 지지하는가? 그가 일단 결혼을 하고 나면 몇 년 후에 견해를 바꿀 수도 있을 것 같은가? 자녀를 갖는 일은 당신에게 중요한가? 자녀를 갖는 일이 직업 계획과 양립할 수 있는 것처럼 보이는가? 파트 타임으로 일할 예정인가? 재택근무를 할 것인가? 출장을 자주 가야 하는 직업인가? 월급이 당신이 원하는 생활 수준에 적절해 보이는가? 자녀를 돌보기 위해서 일시적으로 휴직을 할 생각인가? 그러한 휴직으로 인한 재정적인 영향을 충분히 받아들이는가? 직장으로 다시 돌아 갔을 때 진급이 늦어진 상황은 받아들이겠는가?

이 모든 질문을 제기하는 일은 당연해 보일 수 있다. 이 질문들을 진실하게, 자기 자신에게 매우 솔직하게 제기해야 한다. 거짓 자기를 발달시킨 잠재력이 높은 여성은 그런 질문에 쉽게 답하지 못할 수 있다. 마찬가지로, 첫눈에는 당연해 보인 답들도 그 일을 감당할 때가 오면 문제가 되기도 한다. 멜라니는 세 번째 자녀가 태어났을 때, 자신이 직장에서 충분히 자리를 잡았다고 생각하고 이제껏 한 번도 받은 적이 없던 육아 휴직을 6개월간 받는다. 육아 휴직을 마치고 직장으로 돌아갔을 때, 휴직 전에 자신을 보조하던 사람이 멜라니가 하던 업무를 담당하면서, 자기가 예전에 담당한 직무로 되돌아가지 않고 멜라니와 동등한 위치에서 일하고자 한다. 그러면서 멜라니가 전혀 예상하지 못한 긴장되고 불편한 시기가 시작되고, 설상가상으로 그녀는 갓난아기 때문에 잠도 제대로 못 잔다. 이것이 그녀가 근본적으로 무능력하다는 증거일까? 아니다. 이는 준비 부족이다. 살면서 예상한 대로 진행되는 일은 거의 없다. 어떤 영재 여성들은 결혼한 지 몇 년 후에 힘든 상황에 부닥친다. 그들은 발전해왔고, 자신이 한 선택에 있어서 단호하고 자신이 있지만, 배우자와의 관계는 그 선택 때문에 힘든 상황에 부닥친다. 부부는 조절해 보려고 시도하지만, 어려움을 극복하기 위해서 무슨 일이든 하겠다고 애초에 서로 약속했음에도 불구하고 헤어진다. 이 역시 실패일까? 이는 해석의 문제다.

불필요한 고통을 받지 않으려면 다른 사람들이 생각하는 성공의 기준에 자신이 더는 부응하지 않을지 모른다는 가능성을 고려하고, 필요한 경우에 그런 상황을 받아들여야 한다. 그러지 않으면 환멸과 낙담의 시기를 겪게 된다. 당신은 성공을 어떻게 정의 내리는가? 그것은 자기 분야에서 두각을 나타낸다는 느낌인가? 자기 회사에서 인정받고 존경받는 느낌인가? 승진하는 것인가? 유명해지는 것? 행복한 가정생활을 하는 것? 돈을 버는 것인가? 우리가 살아가는 세상에 기여하는 것인가? 대답은 여럿일 수 있다. 정답은 없다. 단지 당신의 정답이 있을 뿐이다.

그렇다 해도, 자신이 원하는 게 무엇인지 더는 모르겠고 자기 능력에 대하여 계속해서 의심이 들 때면 어떻게 할까? 심리 치료를 받음으로써 두려움으로 인한 것이 무엇인지, 무관심으로 인한 것이 무엇인지, 거짓 자기의 영향이 무엇인지, 참된 자기가 무엇인지 가려내는 데 도움을 받을 수 있다. 지슬렌은 마침내 자기가 바라던 직위를 제안받지만, 그러한 승진 소식에 열광하는 것이 아니라 무덤덤하다. 자신감이 부족한 그녀는 자신이 무심한 것이 두려움 때문이라고 해석한다. 그녀는 자기가 무의식적으로 그 직무를 맡을 능력이 되는지 확신하지 못해서 아무런 느낌도 없다고 생각한다.

사실, 여러 요인이 잠재력이 높은 여자가 앞으로 나아간다는 생각을 두려워하게 만들 수 있다. 자신이 성공에 대하여 내리는 정의와 외부 세계의 기대 사이의 모순, 자신이 돈과 맺는 개인적인 관계 등이 그 요인이다. 그녀가 그러한 요인이 무엇인지 깨달으면, 자신의 반응이 불안감에서 오는 것인지 진정한 자기 존재와 불일치해서 그런 것인지 알 수 있을 테다. 가끔은 이 둘 모두 때문일 수 있다. 그런 경우라면, 일단 승진을 받아들이고 나서 상황을 판단해도 좋을 것이다.

# 깊숙이 파고들
# 열정 어린 것을 찾아내는 일

목표는 그 수나 성질이 여성마다 다양할 수 있다. 어떤 여자들은 여러 생활을 동시에 꾸려가고, 다른 이들은 단 하나의 생각을 추구한다.

그렇게 한창 활동하는 가운데 삶에 어떤 의미를 부여하는 것은 잠재력이 높은 모든 여성이 중시하며 변함없이 보이는 불변 요소다. 달라지는 것은 그러한 욕구를 느끼는 순간이다. 가끔은 균형을 추구하며 달려가는 와중에 물 밖으로 고개를 내밀게 만드는 계기가 되는 어떤 사건, 전기 충격이 필요하다. 그러면 별안간 그들은 거리를 두게 된다. 켄 다이크왈드Ken Dychtwald와 대니얼 J. 케들렉Daniel J. Kadlec은 그때 반드시 제기되는 질문을 다음과 같이 표현한다. "당신은 자기 삶을 활용하는가, 아니면 삶이 당신을 지치게 하는가[1]?" 그러면서 당신은 삶에 의미를 부여하려는 다급함에 사로잡힌다. 그 여성들은 대체로 젊은 시절의 어떤 꿈으로 되돌아가거나 어떤 생각에 사로잡히고, 그 생각은 서서히 열정이 된다. 그것은 예술일 수도 있고, 스포츠, 어떤 원칙(가령 환경 보호)일 수 있다. 크리스텔은 보험 회사에서 일했는데 환경미화원들이 한 파업을 계기로 소비 사회가 생산하는 쓰레기의 양이 얼마나 많은지 깨닫게 되었다. 그녀는 자신이 소비하는 방식을 완전히 바꾸고, 지역에 퇴비함 시설이 설비되도록 시청에 강력하게 요구하고, 협동조합과 근린 상점 활성화에 적극적으로 가담하고, 결국 신생 기업을 창립하기까지 한다. 많은 영재 여성은 세상의 흐름과 다른 사람들의 삶을 개선하고 자기 주변 사람들과 환경에 긍정적인 영향을 미치려는 욕구에 이끌려 행동한다. 자신이 위대해진다거나 후대에 자기 이름을 남기려는 생각이 작용하는 경우는 드물다. "나는 마지막 직장에서 마음이 불편했어요. 사회에 별 쓸모가 없다는 느낌이 들었죠. 내가 하는 일의 궁극적인 목적이 문제였죠." 미국 여성들은 구별되고자 한다고 말한다. 프랑스 여성들은 유용해지겠다고 생각한다. "나는 29살에 인류에 조금이나마 기여하기 위해서 의학을 전공하겠다고 스스로 허락했죠."

어떤 임무를 수행한다는 생각이 그들 내면을 풍성하게 만든다. 그 생각은 그들에게 지속적으로 에너지를 공급한다. 오랜 시간 일을 하는 것이든 사회생활을 줄이는 것이든 자신이 좋아하는 것을 선택했다면 그 무엇도 희생은 아니다. 인간은 자기 성취에서 가장 큰 만족감을 느낀다. 인간의 욕구 피라미드를 제시한 인물인 에이브러햄 매슬로Abraham Maslow는 그러한 '자아실현(self-actualization)'을 피라미드에서 가장 높이 두지 않는가?

영재 여성들은 자신이 좋아하는 일과 애정 관계를 맺는다. 이는 자신을 풍성하게 만들고, 다른 사람 또한 풍성하게 만드는 존재로 만든다. 그러한 열정은 세상으로부터 자신을 보호하는 일, 도피하는 어떤 방식이 아니다. 그 열정은 일을 완벽하게 해내려는 강박증에서 오는 것도 아니다.

깊숙이 파고들 열정 어린 어떤 생각을 찾아내는 일의 큰 이점은, 그 생각이 당신을 결코 저버리지 않는다는 점이다. 열정 어린 생각은 살아가는 내내 강렬한 기쁨을 줄 수 있다. 당신이 삶을 돌이켜보면서 살아오는 동안 무엇을 했는지 스스로 물어볼 때, 당신은 자신이 구축해온 것을 보며 미소 지을 수 있을 것이다.

영재 여성이 그런 삶을 산다고 해서 긍정적인 부부 관계를 맺을 가능성이 낮은 것은 물론 아니다. 단, 그러려면 배우자가 아내의 열정을 경쟁의 대상으로 여겨서는 안 된다. 명성을 얻은 많은 여성은, 그 배우자가 일하는 아내를 지지할 뿐 아니라, 사랑하는 여성이 자기 일에 대해 지닌 열정도 사랑했다. 그 여성들은 자녀를 양육하고 가정을 꾸리고 가정생활을 영위하는 창조적인 방법을 찾아냈다. 그들의 자녀는 어른이 되어서 어머니를 희생한 어머니가 아니라 자기 목표를 소중히 여긴 여성으로 인식한다.

어떤 생각과 사랑에 빠지는 일은 갈등 또는 손실을 야기하지만, 그 여성들이 자신의 열정을 잘 유지하는 데 성공하면 결국 자기 삶에 만족하고 자신이 이루어낸 일과 결혼생활, 가족을 자랑스러워하게 된다. 어떤 생각을 지님으로써 계속 열정적으로 살아가는 것은 인생을 활짝 꽃피우는 가장 확실한 길이다.

어떤 유명한 여성들은 살면서 자신의 기본적인 욕구들이 만족되지 못한 시기를 거쳤다. 『해리 포터』의 저자인 J. K. 롤링J. K. Rowling은 극도로 가난한 시기를 보내기도 했다. 하지만 그녀가 좋아하는 일에 대한 열정이 안전과 편안함에 대한 욕구, 다른 사람들의 인정이나 반대를 부차적인 것으로 간주하게 만드는 힘이자 원동력이 되었다.

당신이 만일 아직 자기만의 생각을 찾아내지 못했다 해도 때는 늦지 않았다. 당신이 하는 일에서 마지막으로 깊은 만족감을 느낀 적이 언제였는지 기억을 더듬어 보라. 소규모 취미 활동 모임에 참가하는 일을 주저하지 말라. 직업 경력에 돌진해 전념을 다했고 거기에 사로잡힌 상황이라면, 잠시 멈춰 서서 당신이 지금 하는 일이 당신의 삶에 의미를 부여하는 데 도움이 되는지 스스로 물어보라. 그 일이 당신의 존재를 긍정하도록 기여하는가? 만일 대답이 '아니오'라면, 이제는 멈춰야 할 때 일지 모른다.


영재 여성이 자신을 재창조할 필요를 느낀다면, 그렇게 하는 일이 중요하다. 자녀를 양육하기 위해서 직장생활을 잠시 중단하겠다고 결정을 내리든, 명예퇴직하겠다고, 또는 직업을 바꾸거나 자신에게 부정적인 배우자와 헤어지겠다고 결정을 내리든, 그 여성이 삶에서 새로운 만족감을 찾아 나서도록 스스로 허락한다는 사실이 중요하다.

변화를 받아들이고 거기에서 즐거움을 느껴라. 만일 그 일이 힘들다면, 누군가와 자신을 비교하며 해답을 찾으려 하지 말고 임상심리사를 찾아가서 조언을 구하라.

# 홀로 있는 시간,
# 물러서 있는 시간을 마련하기

　어떤 영재 여성들은 '안식'기를 가짐으로써 혼란스러운 일상으로부터 자신의 야망을 보존하는 법을 배웠다. 이러한 고독의 순간은 가령 온천욕을 하러 가는 식으로 자신을 돌보는 시간이 아니다. 이는 자신의 깊숙한 갈망에 집중하기 위해서 물러서는 일, 매일 반복되는 일상에서 벗어나는 시간이다. 이러한 물러남은 홀로 조용히 행해야 한다. 이는 3개월마다, 또는 한 달에 한 번 할 수 있다. 만일 주말에 떠날 수 없다면, 하루를 정해서 그날 온종일 장소가 어디가 되었든 조용한 시간을 가져라. 일상과 떨어져 있는 것이 핵심이다. 전화도, 텔레비전도, 컴퓨터도 사용하지 말라. 그 시간은 자신의 삶과 경력을 정리해 보는 데 온전히 사용해야 한다.

당신이 생각하는 우선순위가 무엇인지, 당신이 한 선택이 당신이 중시하는 가치와 일치하는지, 하는 일이나 당신의 삶이 당신이 바랐듯이 인류에 기여하도록 해 주는지 스스로 질문해 보라. 펜과 종이를 가져라. 그 안식의 시간 동안 여러 가지 생각이 들 텐데, 그것을 기록하는 게 중요하다. 컴퓨터가 필요하다면 가져가되, 이메일을 확인하려는 마음에 저항하라!

많은 여성이 멈추어서 생각할 시간을 갖지 못한다고 말한다. 자신이 버는 월급으로 가족을 부양하는 여성의 경우가 대체로 그렇다. 그러한 여성들은 다른 여성보다 더욱 건강한 삶을 영위하고, 고요한 짧은 순간들을 갖고, 스포츠 활동을 함으로써 정신적인 스트레스를 신체적 피로로 풀어낼 필요가 있다. 그러한 활동은 걷기나 수영, 요가 등일 수도 있지만, 홀로 보내는 시간은 반드시 조금 남겨 두어야 할 것이다. 병에 걸릴 때까지 기다렸다가 자신을 돌보지는 말자.

균형 잡힌 방식으로 삶을 영위해야 한다고 생각하기를 멈추라. 당신이 동시에 좋은 어머니이자 좋은 아내, 모범적인 직장인이어야 한다는 생각도 멈추라. 다시 한번 말하지만, 그러한 균형은 불가능한 신화며, 그러한 신화의 독재에서 벗어나 자유로워져야 한다. 균형을 찾지 못하는 것이 정상이다. 왜 삶에서 모든 것이 일정한 리듬으로, 똑같은 강도로 발전해가기를 원해야 하는가? 당신이 조화로운 순간을 맞는다고 해도, 그러한 순간은 일시적이다. 그 순간은 다시 행보가 시작되기에 앞서 놓인 늘임표들이다. 다른 사람들(조화를 찾는 데 성공한 것처럼 보이는 여자들)을 모방하려 하지 말라. 당신은 다른 존재다. 당신의 완벽주의, 당신의 강렬함, 당신의 요구 사항은 당신이 다른 것을 향해 가도록 만들며, 당신은 조화를 추구하는 일을 다르게 바라보아야 한다.

사실상, 성공했으며 자신의 개인적인 삶과 직업적인 삶에서 만족한 여성들은 지나간 매일 매일의 삶에서 겪는 불균형에 집착하지 않는다. 그들은 그러한 불균형을 보다 장기간에 걸쳐 총체적인 방식으로 생각한다. 그래서 그들은 개인적이거나 직업적으로 처한 현재 순간에 주어진 가장 중요한 일에 자신의 모든 에너지를 집중할 수 있다. 일상을 완벽히 통제하려 하는 사람들에게는 이런 식으로 생각하는 일이 불안정해 보일 수 있을 테다. 이는 당신이 스스로 허용하는 자유다. 즉, 당신은 죄책감을 느끼지 않으면서 자신의 재능을 최적화하기 위해 당신에게 필요한 일을 하도록 스스로 허락한다. 당신은 자신이 지닌 야망에 불균형한 방식으로 집중한다고 당신을 비판하는 (대체 무슨 권리로?) 모든 사람에게 당당히 반박해야 한다.

시간과 에너지, 관심을 분할하겠다고 선택한다면, 모든 영재 여성은 자신의 삶을 평가해 보고 자신의 직관에 귀 기울여야 한다. 당신이 삶에서 할 수 있는 일이 무엇인지는 매우 개인적인 사안이다. 여성 개개인은 자신만의 독특한 선택 방법이 있고, 제각기 고유한 책임과 스트레스의 원천이 있으며, 지지를 얻는 방식, 문제에 대처하는 방식도 각기 다르다. 누군가에게 잘 들어맞는 방식이 다른 여성에게는 견디기 힘들 수 있다.

자신이 편안하게 느끼는 고유한 영역을 찾도록 애쓰고, 실제 자기 존재에 충실해라. 유연한 로드맵을 작성해도 좋다고 스스로 허락해라. 당신이 일하고 있고 자녀가 있다면, 살아가면서 통제력을 얼마간 잃는 상황을 받아들어야만 할 것이다. 매사가 흘러가는 대로 놔두고 통제하려는 노력을 멈춤으로써 균형 잡힌 시기가 온다는 사실을 알게 될 것이다. 그것이 삶의 아이러니다.

# 여러 욕망을
# 한 데 뒤얽지 않기

현재 순간에 머무르는 법을 배우는 목적은, 지금 하는 일에 머무름으로써 동시에 여러 곳에 있다는 감각을 몰아내는 것이다. 그것은 지금 하는 일에 효율과 만족감을 높일 뿐 아니라 정신적 여유를 만들어 낸다. 이러한 정신적 여유는 성격의 특성일 수 있지만, 대체로는 노력한 결과다. 자신이 착수한 일에 성공하는 영재 여성들은 살면서 매우 불균형한 시기를 거친다. 하지만 그들 대부분은 여러 활동을 마음속에서 한데 뒤얽지 않고 한 활동에 집중하고 마무리한 뒤 다른 활동으로 넘어가는 능력이 있거나 그렇게 하는 법을 배웠다. 그들은 관심을 두는 대상을 빠르게 바꾼다. 몇 가지 긴장 완화법을 활용하여 유연하게 기능하고 한 환경에서 다른 환경으로 옮겨 간다.

동시에 여러 욕망과 우선 과제를 지니는 것은 자연스러운 일이다. 일단 그렇다고 인정하고 나면, 하나의 당면 과제에서 다른 과제로 편안하게 이동하는 일이 가능해진다. 그러므로 당신이 중요하다고 여기는 과제들을 식별하고 한 가지 일에서 다른 일로 능란하게 이동하는 방법을 배우라.

좋은 어머니라는 사실 때문에 만족스러운 어떤 직업 경력을 포기해야 하는 것은 아니다. 중요한 것은 당신이 좋아하는 일에 시간을 들이는 방식을 정할 때 조금 창조성을 발휘하는 일이다. 자녀와 같은 방에 있으면서도 다른 곳에 있기를 바랄 수 있다. 그러면 자녀는 엄마의 그런 생각을 감지하고 자신이 외롭다고 느낄 것이다.

# 고통과 나쁜 경험을
# 구분해야 한다

　많은 여자 환자가 '마음 챙김(mindfulness)' 명상에 대하여 내게 말한다. 이는 명상하는 주체가 그 순간의 인상들이 마음을 통과해 가도록 내버려 두는 명상 기법이다. 명상하는 사람은 자기 마음속에서 벌어지는 일을 관찰하는 존재가 된다. 이로써 생각과 감각, 감정, 기분들과 거리를 둘 수 있다. 그 전반적인 목표는 원치 않는 감각과 부정적인 반응에 대비하는 것이다.

　이는 하나의 도구고, 따라서 그것을 어떻게 사용할지 알아야 한다. 어떤 마음 챙김 명상 실천법은 당신의 마음을 통과하는 감각과 생각들이 현실적이지 않고 반드시 올바른 것도 아니며 그것들이 당신 자신은 아니라는 사실을 강조함으로써 당신이 그런 감각과 생각들로부터 멀리 떨어지도록 유도한다. 그러한 생각들은 느껴지는 것이 아니라 관찰되어야 한다. 만일 당신의 목적이 일부 부정적인 생각들, 나쁜 습관을 무력화하는 것이라면, 그런 명상 기법도 나쁠 게 없다. 하지만 당신이 전반적으로 고통받는 것을 피하고자 한다면, 이런 명상 기법은 나쁠 수 있다.

고통과 나쁜 경험을 구분해야 한다. 영재 여성이 고유하게 겪는 고통은 부정적인 생각의 결과가 아니다. 그러한 고통은 어떤 오랜 과정의 결과로서, 이를 해소하려면 자기 자신을 이해하려는 꾸준한 노력이 필요하다. 영재 여성이 다른 사람들에게 마음을 열기 위해서 마음 챙김 명상을 한다면, 이 명상법은 타인을 만나도록 격려하지 않을 것이다. 만일 자신이 느끼는 스트레스를 줄이고자 한다면, 그 혜택은 일시적이다. 그 명상법을 계속 실천하면 당신은 자신을 에워싼 것들로부터 완전히 고립될 위험이 있다.

부정적인 감정들은 당신의 사기를 저해하려고 생기는 것이 아니다. 그 감정들은 어떤 자극에 직면하여 자신을 보호하는 유익한 기능을 하거나, 뇌가 어떤 상황에 직면해서 했을지 모를 예측을 정정하는 데 사용된다. 부정적인 감정은 당신의 주변 사람들이 겪는 문제들이나 당신이 제대로 관리하지 못하는 상황들에 대하여 당신에게 경고한다. 그 감정들로부터 정서적으로 거리를 두고 멀리 떨어지면, 그 감정들로부터 아무것도 배우지 못하고 자기 자신에 대해서도 배우지 못한다. 만일 당신에게 장기적으로 해를 끼치는 것(고정 관념들, 나 자신을 스스로 파괴하는 일)과 거리를 두면서 동시에 사람들 가운데에서 계속 살아가고 싶다면, 당신은 부정적인 감정을 완전히 없애서는 안 된다. 그러지 않으면 행복과 긍정적인 감정들도 그와 동시에 사라질 것이다.

어떤 문제가 일으키는 내적인 증상들과 거리를 둔다고 해서 그 근본적인 이유가 사라지지는 않으며, 그 문제는 더 심해지지는 않더라도 항상 존재할 것이므로 이를 언젠가는 해결해야 한다. 그 명상법이 기적적으로 문제를 해결해 줄 거라고 기대하지 말라! 당신이 취하는 방법에 정당한 근거가 있는지 확신해야 한다.

명상은 긴장을 완화해 줄 때, 무언가에 대하여 마음가짐을 바꾸려 할 때 좋은 수단이다. 명상은 그런 경우에 무척 효율적이다. 이 점에서 프리랜서 건축가인 미셸을 떠올린다. 그녀가 일하면서 받는 압박이 너무 클 때 명상은 무척 큰 도움이 되었다. 여러 제약이 한꺼번에 가해지고 주어진 과제가 힘겨우리라 예상될 때, 미셸은 현명하게도 명상의 시간을 가졌고, 그로써 더없이 침착하게 하루 업무를 시작할 최상의 마음 조건을 갖출 수 있었다.

하지만 부정적인 감정을 모조리 한꺼번에 거부하지 않도록 주의해야 한다. 어떤 감정들(예를 들어 애도의 감정)을 겪는 일은 피할 수 없으며, 또 다른 어떤 부정적인 감정들은 과감히 맞서야 한다. 자신의 마음을 들여다보는 작업을 함으로써 그러한 부정적인 감정들을 통합하고 그것을 발전의 원동력으로 만들 수 있다. 정신적인 트라우마의 기억을 억누르면 그로 인해 다시금 트라우마를 겪게 된다.

마음 챙김 명상은 현실과 동떨어지게 만들 위험도 있다. 어떤 결정적인 상황에서 자신이 느끼는 것과 접촉하지 못하는 것, 자기 자신한테서 너무 멀리 떨어져서 더는 스스로를 신뢰하지 못하게 되면 당신의 판단력은 심각하게 저해될 것이다. 거리를 지나치게 두는 훈련을 하고 생기는 감정들을 무력화하는 것은 또한 주변 사람들이 당신과 함께 있다고 느끼기 더 힘들게 만들어 당신은 그들과 더 멀어질 수 있다. 그 결과 당신이 그들과 맺는 관계가 단절될 위험이 있다. 개인 간 갈등은 감안해야 할 요인이지, 제거해버려야 할 요인이 아니다. 마찬가지로, 이런 유형의 명상은 당신이 자기 마음을 털어놓는 능력에 영향을 미치고, 당신이 다른 사람과 내밀한 시간을 가질 기회를 모조리 피하게 만들 수 있다. 나는 모든 것을 통제하려는 경향이 있는 여성에게는 마음 챙김 명상을 권하지 않는다. 그 명상법은 그들의 그런 자연스러운 통제 경향을 강화하기 때문이다.

끝으로, 이 명상법의 위험은 당신이 자기 삶을 불만족스럽게 느끼기 시작하고, '빛'을 향해 갈 길을 보여 줄 어떤 영적 지도자를 찾아 헤매게 되고, 독립성을 완전히 상실하게 되는 것이다. 그러므로 나는 이 명상법을, 우리가 스스로 파는 일부 함정을 피하게 해 주고 어떤 힘든 시기를 극복하게 도와주는 방법 전체의 일부로 간주한다. 이 방법은 스포츠 활동이나 예술 활동과 똑같은 방식으로 여겨야 한다. 마음 챙김(mindfulness) 연구자들은 정신과 뇌의 기능에 관하여 무시할 수 없는 몇 가지 새로운 사실을 제시한다. 마음 챙김주의 집중은 잘 실천하기만 하면 정신의 능력과 힘을 발휘하게 해

준다. 이 집중 기법은 시냅스 연결을 강화하고 신경망을 새로 만들어 내고 펼쳐서 우리가 몰두하는 과제를 더 잘 수행하게 해 준다. 영재들은 본래 그러한 강점을 지닌다…. 그 연구들에서 기억하면 좋을 것은 마음가짐이 우리 운명에 끼치는 영향이다. 리처드 보이애치스Richard Boyatzis와 리처드 데이비드슨Richard Davidson이 실시한 연구의 목표는 부정적인 태도가 우리 정신의 영역을 닫아 버리고, 이로써 우리를 조급하게 만드는 경향이 있음을 증명하는 것이다. 반면에, 긍정적인 태도는 정신의 지평을 넓혀서 정신이 자유와 활력을 되찾게 만든다. 데이비슨에 따르면, 자신이 지닌 강점에 초점을 맞추는 일은 우리가 새로운 생각과 다른 사람들, 여러 계획을 열리도록 자극하는 반면, 약점에 집중하면 의무와 죄책감이라는 방어적인 감정이 생긴다. 그가 썼듯이 "우리는 생존하기 위해서는 부정적인 것에, 발전하려면 긍정적인 것에 초점을 맞출 필요가 있다[2]."

# 야심을 가져라!

　야심은 직업 세계에만 적용되는 것은 아니다. 야심은 영예를 추구하는 일이라기보다는, 자기보다 더 위대한 무언가를 하려는 욕구다. 이는 의식적이고 의도적인 진리 및 삶의 의미 추구, 자신이 열정을 쏟는 것, 여성에게 가치가 있는 것으로 되돌아가는 일이다. 이러한 추구를 해 나가려면 길을 가는 내내 자신을 가로막는 두려움에서 벗어나야 한다. 두려워하지 말고 과감하게 두각을 드러내야 한다. 주어진 재능을 발현하고 자기가 살아가는 세계에 기여하는 것은 바로 당신의 책임이다.

　희망과 꿈, 열망으로 가득한 삶을 영위하라. 그러한 삶을 살아감으로써 당신은 다른 여성들, 당신의 딸들에게 영감을 줄 것이다. 최근에 어느 여자 청소년이 자기 어머니에게 다음과 같이 말했듯이. "나는 엄마처럼 되고 싶어. 엄마는 흥미로운 삶을 사니까. 엄마는 자기 자신을 위해서 일하고, 자기가 하고 싶은 일과 그것을 어떻게 할지 스스로 결정하지."

당신은 자기가 하는 일을 좋아하고, 원하는 만큼 야심을 갖고 자기를 성취할 자격이 있다. 당신이 어떤 평등을 위해 투쟁하는 여성으로서가 아니라, 당신 모습 그대로, 즉 영재 여성으로서 살아가도록 스스로 허락하라. 남들과는 다른 여성, 자기 자신과 자신이 한 선택에 충실한 여성으로서 말이다. 자기 행동을 해명해야 할 존재는 자기 자신뿐이며 이루고자 하는 꿈, 자신의 강점, 그러한 것에 들인 시간과 노력이 결국 자신의 존재를 만들어간다.

# 조언

- 다른 영재 여성들을 지지하라(사무실에서 당신과 같은 층에서 일하는 영재 여성들을 식별해 클럽을 만들어라!). 일부 기업에는 그런 클럽이 존재한다.
- 영재 여자 아동이나 청소년에게 멘토가 되어 주고, 그들이 당신이 하는 일을 보조하도록 책임을 지워라.
- 당신의 분야에 관련한 정보에 정통해라. 당신의 직업이나 분야에 어떻게 계속 관여할지 확실하지 않다면 가능한 한 1년 이상 휴직하는 일은 피하고, 복직할 것을 예상해 두라.
- 당신의 단기적 · 장기적 계획을 이루기 위하여 자금을 어떻게 조달할지 계획하라.

- 당신의 권리를 알고 요구하라. 당신 자신과 당신의 뒤를 이을 여성들을 위하여 권리 평등을 추구하라.
- 당신의 정신 건강을 소홀히 하지 말라. 영재 여성을 이해하는 심리학자나 조언자를 찾아가는 일을 주저하지 말라.
- 정해진 틀에 갇혀 있으려 하지 말라.
- 당신 자신의 욕구보다 다른 사람들의 욕구에 응하느라 지나친 안락이나 타협을 추구하지 말라.
- 자신의 진짜 모습을 보이도록 스스로 허락하라. 자신을 사랑하고 당신의 소명을 지지하는 사람들을 주변에 두라.

## 마치며

## 당신을 강하고
## 독특하게
## 만드는 것들을 길러라

　당신과 더불어 어떻게 결론을 내릴까? 결론이라는 이 단어는 아이디어와 생각, 고통과 기쁨이 매 순간 치솟는 당신에게 정말 어울리지 않는다. 마침표를 찍는 일을 항상 싫어하는 당신에게 말이다. 당신은 끊임없이 의심이나 호기심에 사로잡혀 모든 것을 언제나 의문시한다. 그러니 나는 영재 여성인 당신에게 "너 자신이 되어라."라는 니체가 한 명령에 응하라고 조언하는 것으로 만족하겠다. 이 명령은 그야말로 당신을 위하여 특별히 쓴 말처럼 보인다. 이 아포리즘은 당신이 충만한 삶을 사는 열쇠고, 조화를 찾고 만족스러운 삶을 살기 위한 길이다. 이 일은 항상 쉽지만은 않으며, 어떤 여성들에게는 특히 힘들 것이다. 충격을 견디도록 훈련해야 하며, 그 과정이 고통스러울 수 있다. 뒤이어 당신이 진정으로 어떤 존재인지 발견하고, 정해진 생활양식과 일상적인 생각 및 활동의 굴레에서 벗어나는 일을 받아들임으로써 자신의 욕망을 알고 식별하기 위해서 자기 자신을 분석하는 작업을 할 필요가 있다.

당신은 또한 주변 사람들이 당신의 말을 새로이 경청하도록 만들고, 당신 자신도 사람들이 당신에게 하는 말을 들으면서 자신의 차이점을 척도로 삼아 그 말을 '해독'할 수 있을 것이다. 그때면 당신은 자신이 지닌 차이의 강점 및 약점을 알아내고 그것을 극복하는 방법도 알게 되었을 테니까. 당신의 친구나 가족, 직장 동료 등 당신과 가까운 사람들과 마침내 나눌 수 있게 된 이러한 새로운 대화로써 당신은 그들을 이해하게 되고 그들과 상호 존중하는 관계를 맺을 것이다.

다음 사실을 명심하며 결코 의심하지 말라. 영재 여성이라는 것은 당신 자신에게뿐 아니라 당신과 가까운 사람들에게 있어서도 어떤 풍성함이다. 당신은 영재성을 감출 필요도, 그에 대하여 변명하거나 그것을 자랑스러워할 이유도 없다. 단지 영재성을 지녔음을 기뻐하기만 하면 된다. 내가 제안하는 작업의 관건은 여러분 각자가 자신의 잠재력을 온전히 계발할 가장 좋은 토양을 찾아내는 것이다. 그렇게 함으로써 당신은 젊은 세대 여성들에게 어떻게 행동하고 자유를 취할지 보여 주는 본보기를 제시할 것이다.

영재성 때문에 다른 사람들과 거리감을 느끼는 영재 여성들이여, 당신에게 마지막으로 감히 조언을 하나 덧붙이겠다. 남녀의 대림구도 안에 자신을 가두지 말라. 당신의 독특함, 멋진 잠재력에 해로운 상투적인 생각들, 거짓 진실에서 벗어나라. 당신은 창조하고, 삶에 의미를 부여하고, 세상이 더 나아지는 데 기여하려는 욕구를 지녔다. 그 일들을 당신만의 방식으로 실천하라.

당신만의 여성다움을 새로이 만들어 내야 한다. 그 점에서 당신이나 주변 사람들이 당신의 영재성에 대해 할 수 있을 생각에 굴하지 말라. 진정한 자기 자신이 되기 위한 조건은 당신이 거짓 자기를 참된 자기와 맞바꾸지 않도록 주의하면서 자신을 있는 그대로 받아들이는 일이다. 영재성은 무수한 방식으로 표현된다. 영재성은 수학 천재가 되는 것으로 요약되거나 축소되지 않는다!

일단 자신의 영재성을 알고 길들이면, 당신은 자기 자신의 매우 강한 직관과 논리적 지능을 다시 독특한 방식으로 연결시키지 못할 이유가 전혀 없을 것이다. 마찬가지로, 당신의 지능과 감성을 서로 대립시킬 이유도 전혀 없을 테다. 당신의 직관을 신뢰하고, 변화에 대처하여 유연하게 적응하라. 사적인 생활과 직업 활동에서 자신의 열정을 좇아라. 만일 당신의 성향과 선택이 그렇다면, 당신은 영재 여성이면서도 가정에 머물며 자녀를 돌볼 수 있다는 사실을 인정해라. 그 누구에게도 당신이 영재성을 지녔다는 사실을 해명해야 할 필요는 없다.

끝으로, 당신을 강하고 독특하게 만드는 것들을 길러라. 당신의 창조성을 질식시키기를 멈춰라. 여성은 그 본성과 살아온 방식 덕분에 끊임없이 변화하는 세상에 더 잘 적응한다. 영재성은 그 위에

주저앉는 옥좌가 아니다. 그것은 자기 자신을 정복하고 세상과 사
랑을 좋게 활용하는 멋진 도구다. 자신의 운명을 받아들여라.

　한마디로, 대담하게 나아가라!

참고자료

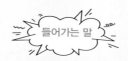 들어가는 말

1. C. 텔로C. Thélot, 『천재성의 기원L'Origine des génies』, Le Seuil, 2003.
2. 피에르 부르디외, 『남성 지배』, 김용숙 외 옮김, 동문선, 2000.
3. F. 에리티에F. Héritier, 『남성/여성, 차이에 대한 사유-Masculin/Féminin, La Pensée de la différence』, Odile Jacob, 1996.
4. G. 리펀G. Rippon, 『성별화된 두뇌The Gendered Brain』, Random House, 2019.
5. 가령 귀스타브 르 봉Gustave Le Bon은 1895년에 이렇게 주장했다.
6. 루안 브리젠딘, 『여자의 뇌』, 임옥희 옮김, 웅진지식하우스, 2019.
7. 시리 허스트베트, 『여자를 바라보는 남자를 바라보는 한 여자』, 김선형 옮김, 뮤진트리, 2018.

제1장

## 잠재력이 높은 여성의 특수한 차이점

1. L. 홀링워스L. Hollingworth, 『영재 아동, 그 본성과 양육Gifted Children, Their Nature and Nurture』, Macmillan, 1926.
2. S. M. 레이스S. M. Reis, 「재능 발달에 관한 페미니즘의 관점들Feminist perspectives on talent development」, in R. J. 스턴버그R. J. Sternberg, J. 데이비드슨J. Davidson(감독), 『영재성의 개념들Conceptions of Giftedness』, Cambridge University Press, 2005. 같은 저자의 『미완성으로 남겨진 일Work Left Undone』, Creative Learning Press, 1985도 참조할 것.
3. B. 커B. Kerr, 『똑똑한 소녀, 영재 여성Smart Girls, Gifted Women』, Great Potential Press, 1985.
4. 엘런 위너Ellen Winner, 『내 아이도 영재다』, 송인섭 옮김, 학지사, 2005.

제2장

## 잠재력이 높은 여성이 느끼는 특수한 고통

1. L. 홀링워스L. Hollingworth, 『기능적인 주기성, 월경 중 여성의 정신적·운동적 능력에 관한 실험 연구Functional Periodicity, An Experimental Study of the Mental and Motor Abilities of Women During Menstruation』, 1914.

2. P. R. 클랜스P. R. Clance와 S. A. 아임스S. A. Imes, 「성취도가 높은 여성에게서 나타나는 가면 현상, 역동과 치료적 개입The imposter phenomenon in high achieving women, Dynamics and therapeutic intervention」, 『심리 치료: 이론과 연구, 실천Psychotherapy: Theory, Research and Practice』, vol. 15, n° 3, 1978.

3. 같은 책.

4. C. 벤네라스C. Wenneras, A. 볼드A. Wold, 「동료 평가에서 족벌주의와 성차별주의Nepotism and sexism in peer-review」, 『자연Nature』, n° 387, 1997년 5월.

5. 밸러리 영, 『여자는 왜 자신의 성공을 우연이라 말할까』, 강성희 옮김, 갈매나무, 2020.

6. B. 커B. Kerr, R. 맥케이R. McKay, 「미래의 혁신가를 찾기, 창조적인 청소년의 프로필을 작성하기Searching for tomorrow's innovators, Profiling creative adolescents」, 『창조성 연구 저널Creativity Research Journal』, vol. 1, n° 25.

## 정체성 혼란

1. D. W. 위니캇D. W. Winnicott, 「진짜 및 거짓 자기의 측면에서 자아 왜곡Ego distortion in terms of true and false self」, 『성숙 과정과 촉진 환경, 정서 발달 이론 연구The Maturational Processes and the Facilitating Environment, Studies in the Theory of Emotional Development』, Karnac Books, 1960.
2. B. 시륄니크B. Cyrulnik, 『관계(사랑과 애착의 자연사)』, 정재곤 옮김, 궁리, 2009.
3. S. M. 레이스S. M. Reis, 앞서 인용한 글.

## 영재 여성이 타인과 맺는 관계

1. 필자는 영문판 『이것이냐 저것이냐. 삶의 단편Either/Or. A Fragment of Life』(Penguin Classics, 1992)을 발췌해 옮겼다.

2. M. 브라가M. Wraga, 「자기 회전 과제 수행에서 고정관념 민감성이 젠더 차이를 좁힌다Stereotype susceptibility narrows the gender gap in imagined self-rotation performance」, 『심리 작용학 회보Psychonomic Bulletin & Review』, vol. 13, n° 5, 2006.

3. P. 들라에P. Delahaie, 「모녀 관계, 안정을 위한 세 가지 열쇠Relation mère-fille, Les 3 clés de l'apaisement」, Leduc.s, 2017.

4. M. 바양M. Vaillant, J. 르루아J. Leroy, 『그녀와 함께 살기Vivre avec elle』, La Martinière, 2004.

5. L. M. 터먼L. M. Terman, 「영재 아동은 성장한다: 우등 집단에 대한 25년에 걸친 추적 연구The gifted child grows up : twenty-five years' follow-up of a superior group」, 『천재 유전학 연구Genetic Studies of Genius』, Stanford University Press, 1947.

6. 모니크 드 케르마덱, 『혼자를 권하는 사회』, 김진주 옮김, 생각의길, 2019.

7. L. 무라로L. Muraro, 「신에 대한 체험과 여성적 차이Expérience de Dieu et différence féminie」, 『GRIF 연구지Les Cahiers du GRIF』, 1996.

8. 마리프랑스 이리구아앵, 『새로운 고독』, 여은경 옮김, 바이북스, 2011.

9. 시리 허스트베트, 앞서 인용한 책.

10. C. 포레스트C. Forest, 『그녀들의 이야기Histoires d'Elles』, 프랑스의 시에이시 40(CAC 40) 중 한 기업의 내부 간행물, 2019.

11. S. 헬게슨S. Helgesen, 『여성의 강점The Female Advantage』, Doubleday Currency, 1990.

12. 헬렌 피셔, 『제1의 성』, 정명진 옮김, 생각의 나무, 2005.

13. J. B. 밀러J. B. Miller, 『새로운 여성 심리학을 향하여Toward a New Psychology of Women』, Beacon Press, 2012.

14. 『르 몽드Le Monde』, 2018년 11월 9일.

15. 멜린다 게이츠, 『누구도 멈출 수 없다』, 강혜정 옮김, 부키, 2020.

## 내 자리 차지하기

1. L. 터먼L. Terman, 『영재 아동 1000명의 정신적·신체적 특징들Mental and Physical Traits of a Thousand Gifted Children』, Stanford University Press, 1981.
2. 베티 프리단, 『여성성의 신화』, 정희진 해제, 김현우 옮김, 갈라파고스, 2018.
3. B. E. 커B. E. Kerr, R. 맥케이R. McKay, 『21세기의 똑똑한 소녀들 Smart Girls in the 21st Century』, Great Potential Press, 2014.
4. R. C. 프리드먼R. C. Friedman, K. B. 로저스K. B. Rogers, 『상황 속 재능, 영재성에 관한 역사적·사회적 시각Talent in context, Historical and social perspectives on giftedness』, American Psychological Association, 1998.
5. 가사의 정신적 부담에 대한 개념은 모니크 에코Monique Haicault가 자신의 글 「둘이 함께 하는 생활의 일상적인 관리La gestion ordinaire de la vie en deux」(『직업 사회학Sociologie du travail』, vol. 26, n° 3, 1984)에서 도입했다.
6. M. K. 스트레즈네브스키M. K. Streznewski, 『영재 어른들, 뛰어난 잠재력이라는 은총이자 저주Gifted Grownups, The Mixed Blessings of Extraordinary Potential』, Wiley, 1999.
7. "아주 일반적으로 말하자면, 마태 효과는 가장 유리한 입장에 놓인 사람들이 다른 사람들에 비해 자신의 이점을 증폭시키는 경향이 있는 기제를 가리킨다. 이러한 명칭은 마태복음의 한 문장, 즉 '무릇 있는 자는 받아 풍족하게 되고, 없는 자는 그 있는 것까지도 빼앗기리라.'에서 유래한다. 마태 효과(Matthew Effect)는 미국의 사회학자 로버트 K. 머튼Robert K. Merton이 만든 표현이다." (위키피디아 프랑스어 판)
8. 앞서 인용한 책.
9. K. 노블K. Noble, 『은 나팔 소리The Sound of a Silver Horn』, Fawcett, 1994.
10. S. B. 코프먼S. B. Kaufman, 『재능 없음: 다시 정의 내린 지능Ungifted : Intelligence Redefined』, Basic Books, 2013.

제6장

## 삶의 균형은 불가능한 신화

1. K. 다이크왈드K. Dychtwald, D. J. 케들렉D. J. Kadlec, 『새로운 목표: 돈과 가족, 일, 퇴직, 성공을 다시 정의 내리기A New Purpose : Redefining Money, Family, Work, Retirement, and Success』, William Morrow Paperbacks, 2010.
2. 리처드 J. 데이비드슨, 샤론 베글리, 『너무 다른 사람들: 인간의 차이를 만드는 정서 유형의 6가지 차원』, 곽윤정 옮김, 알키, 2012.